DEBUT D'UNE SERIE DE DOCUMENTS
EN COULEUR

Ligue Patriotique des Françaises

COMPTE-RENDU

DU

Congrès Régional
de Paray-le-Monial

16, 17, 18 JUIN 1909

❧ ❧

« Je donne ma pleine et illimitée approbation à ce que vous faites, suivant l'exposé de votre magnifique programme d'Action Sociale Catholique. »

PIE X *aux déléguées de la L. P. D. F.*
28 mars 1903.

L'Organisation
L'Enseignement Ménager
La Presse
L'Apostolat Direct

AUTUN. — IMP. L. MARCELIN

— 1910 —

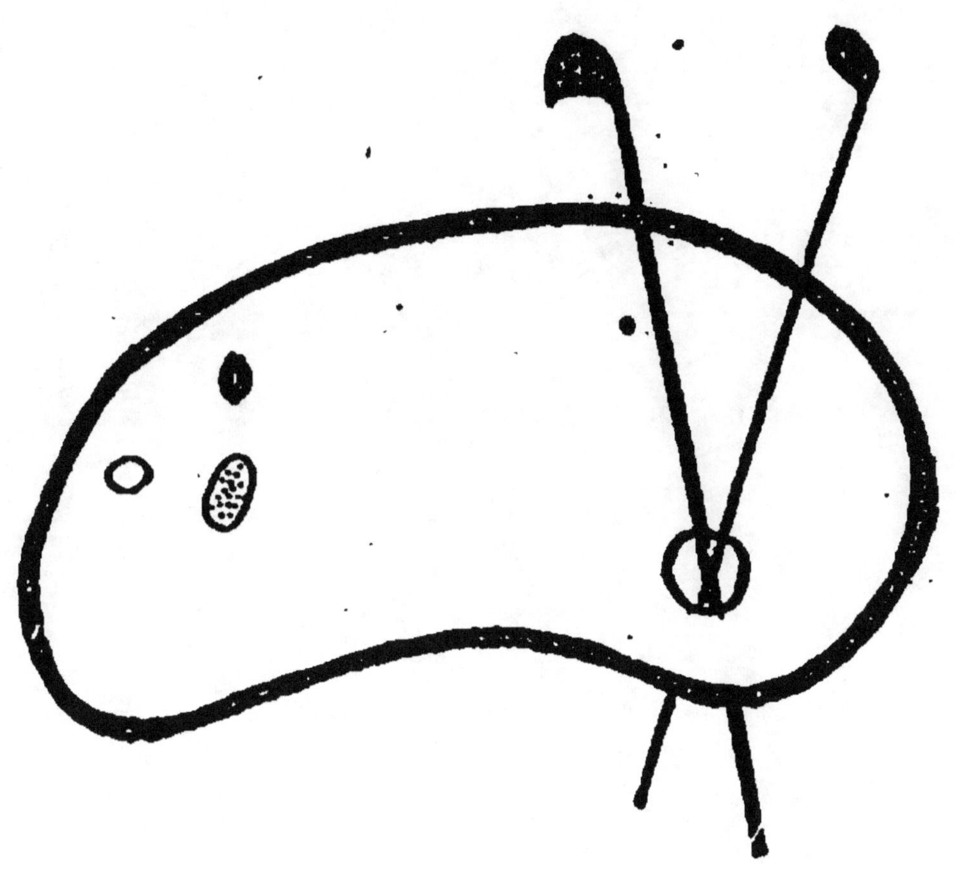

FIN D'UNE SERIE DE DOCUMENTS
EN COULEUR

Ligue Patriotique des Françaises

COMPTE-RENDU

DU

Congrès Régional
 de Paray-le-Monial

16, 17, 18 JUIN 1909

❧ ❧

> « Je donne ma pleine et illimitée ap-
> probation à ce que vous faites, suivant
> l'exposé de votre magnifique programme
> d'Action Sociale Catholique. »
>
> *PIE X aux déléguées de la L. P. D. F.*
> *28 mars 1908.*

L'Organisation

L'Enseignement Ménager

La Presse

L'Apostolat Direct

❊ ❊ ❊

AUTUN. — IMP. L. MARCELIN
— 1910 —

LETTRE DE Mgr VILLARD

ÉVÊQUE D'AUTUN

Cher Monsieur l'Abbé (¹)

Je vous remercie de m'avoir communiqué le COMPTE-RENDU *DU* CONGRÈS RÉGIONAL DE LA LIGUE PATRIOTIQUE DES FRANÇAISES *EN* 1909.

Sous ce titre : « Préparatifs du Congrès », vous avez bien nettement indiqué le but de la Ligue et de ses divers Congrès. Celui de Paray fut, dites-vous, « un Congrès de l'élite » ; il devait en être ainsi dans la ville du Sacré-Cœur. En lisant les travaux et les discussions de ces bonnes journées des 16, 17 et 18 Juin, on se convaincra de la vérité de ce jugement.

Il m'a été très précieux de présider ces séances d'apostolat pleines de charité et d'élan.

Puissent les Comités se multiplier afin d'enrôler toutes les catholiques. L'union donne la victoire ; l'isolement amène la défaite. Or, « il n'y a peut-être pas une paroisse de France qui ne possède quelques femmes chrétiennes ». Dieu en soit remercié ! Groupons-les donc au plus tôt.

La chaude parole des conférencières, la prière, la piété, l'organisation locale des ligueuses, leur soumission à l'autorité ecclésiastique sont autant de causes d'espérance dans le succès.

Je suis heureux de profiter de cette occasion pour remercier publiquement la Ligue Patriotique des Françaises du bien réel déjà accompli dans mon diocèse. Elle est une de mes meilleures forces ; je veux de plus en plus pouvoir compter sur elle.

Agréez, cher Monsieur l'Abbé, l'assurance de mon affectueux dévouement en Notre-Seigneur.

† HENRI-RAYMOND,

Évêque d'Autun, Chalon et Mâcon.

---

(1) M. l'Abbé S., qui prêta son concours à l'organisation du Congrès.

Les Préparatifs du Congrès

Il n'y a peut-être pas une paroisse en France qui ne possède encore quelques femmes chrétiennes. Il est urgent d'utiliser cet élément sain de la population. L'utiliser ce n'est pas simplement le conserver, mais c'est lui demander de rayonner. Il faut que ces femmes prennent courage et confiance ; il faut aussi qu'elles acquièrent la conscience de leurs devoirs d'apostolat. La Ligue patriotique des françaises se propose par la puissance de l'union et par l'influence de son esprit de zèle d'être pour les femmes chrétiennes un appui et une lumière. Elle voudrait que dans les moindres villages, les humbles représentantes de l'esprit chrétien se sentissent membres d'une grande famille où l'on s'entraide, où l'on s'aime, où l'on apprend à aimer les autres et à leur faire du bien.

Cette tâche immense en apparence se simplifie à mesure que les bonnes volontés locales se multiplient et que le clergé comprenant que des auxiliaires très soumises viennent à lui, donne à la diffusion de la Ligue un appui effectif. Néanmoins les moyens sont encore inégaux à l'entreprise, et malgré leur zèle inlassable les conférencières sont trop rares qui parcourent la France pour fonder de nouveaux groupes et les organiser. L'un des résultats des congrès régionaux doit être de leur susciter des émules ; ils réunissent non pas le gros des troupes comme les congrès départementaux, mais une élite qui vient chercher des encouragements, des lumières et des audaces : Celui de Paray-le-Monial fut un congrès de l'élite.

La première idée d'un congrès à réunir dans la ville du

Sacré Cœur s'était manifestée à Lourdes, en 1907 lorsque la question fut posée de maintenir ou de modifier les rendez-vous des congrès nationaux. Quelques déléguées de la région bourguigne avaient demandé qu'il fut fixé tous les deux ans à Paray-le-Monial ; une majorité votait son maintien à Lourdes. C'est alors que Mademoiselle Devuns et Mademoiselles de Noaillat pensèrent à une réunion régionale à Paray-le-Monial.

Un an plus tard elles demandaient au comité de Mâcon, dont elles avaient rencontré à Lourdes la présidente et la secrétaire, Mes Garnier, de s'occuper de l'organisation, et promettaient leur concours affectif. Quelques semaines après, Monseigneur Villard, évêque d'Autun, voulait bien approuver et bénir le projet et conseillait de le réaliser au moment de la fête du Sacré-Cœur.

Quatre ou cinq départements devaient d'abord être convoqués, mais d'après le désir du secrétariat central ce furent bientôt 10 départements qui reçurent des invitations et donnèrent leur adhésion : l'Aube, la Côte-d'Or, la Haute-Marne, l'Isère, le Jura, la Loire, La Nièvre, le département de Saône-et-Loire, la Savoie, l'Yonne.

Pour faciliter à chaque département l'exposé de son organisation et de ses œuvres, un questionnaire, tiré à dix mille exemplaires, fut envoyé à tous les comités et à toutes les sections. Il devait servir aussi, dans la pensée des organisateurs, à rappeler à chacun ses devoirs.

Mais les différents rapports départementaux ne devaient former qu'une partie accessoire du programme et servir surtout à éclairer les autres travaux par des exemples multipliés. Il avait été décidé que l'on s'occuperaient très spécialement sous la direction de Mlle Devuns de l'organisation locale et départementale, et de la formation et de l'action des dizainières, puis de quelques œuvres nettement définies.

Le congrès devait durer trois jours, les deux premiers, les 16 et 17 juin consacrés à l'étude, le troisième, le 18 juin, tout rempli par la piété et les manifestations religieuses. Les quatre séances d'étude furent ainsi distribuées :

Mercredi 10 juin. — Séance du matin : l'organisation générale.

Séance de l'après-midi : l'enseignement ménager à l'école ; les écoles ménagères à la campagne ; les sections de jeunes filles.

Jeudi 17 juin. — Séance du matin : la presse.

Séance de l'après-midi : la formation des dizainières ; l'apostolat direct

Les rapports départementaux furent en outre partagés entre les différentes réunions en s'efforçant d'attribuer à chacune ceux qui insistaient sur une œuvre se rattachant à la question spécialement étudiée dans cette séance.

LE CONGRÈS

Le 23 juin au soir un certain nombre de présidentes et de déléguées se trouvaient assemblées dans un salon d'Hôtel de la Basilique. Déjà cette première réunion intime avait ce caractère de simple cordialité et d'affectueuse union qui devait être celui de tout le congrès. Toutes étaient à la joie de voir au milieu d'elles Mademoiselle Frossard, qui avait très gracieusement consenti à quitter un moment le labeur écrasant du secrétariat central pour venir présider leurs travaux.

Toutes retrouvaient avec le plus sensible plaisir Mlle Devuns et Mlle de Noaillat, les inlassables conférencières connues et aimées partout où la Ligue a pris un grand essor.

Le lendemain les congressistes assistaient à la messe de Monseigneur Villard, dans l'ombre pieuse de la chapelle de la Visitation, affirmant ainsi leur intention fondamentale de mettre la foi et la prière à la base de toute leur action. Elles devaient y revenir souvent pendant leur séjour dans la petite ville bénie, tantôt isolement pour prier dans le silence et le recueillement, tantôt ensemble pour suivre les cérémonies préparatoires à la fête du Sacré-Cœur et écouter les hautes exhortations de M. le chanoine Manier, vicaire général du diocèse d'Autun.

Au matin du second jour, c'est dans l'antique et sereine basilique qu'elles se retrouvaient pour écouter la délicate et pénétrante allocution que leur adressait M. le chanoine Dargaud, supérieur des chapelains du Sacré-Cœur, curé de Paray-le-Monial. C'est encore sous ces nobles voûtes qu'elles affluaient dans la soirée en compagnie des pèlerins de Paris pour entendre M. l'abbé Coubé, exposer le vibrant parallèle de la Bienheureuse Jeanne d'Arc et de la Bienheureuse Marguerite Marie.

PREMIÈRE JOURNÉE
SÉANCE DU MATIN

~~~~~~~~~~

I. L'Organisation Générale

(a). L'Organisation-type

À mesure que les comités et les sections de la Ligue se multiplient, le besoin se fait davantage sentir d'une organisation qui les groupe et les unisse. Il devient, du reste, impossible au secrétariat central de rester en relations directes avec chacun d'eux.

Le premier groupement qui s'offre à l'esprit est celui des communes autour du chef-lieu de canton, — parce qu'il a en général l'avantage sur les autres d'être un groupement naturel. Mais les chefs-lieux de canton sont encore bien nombreux pour communiquer avec le secrétariat central — et surtout, il est difficile dans beaucoup d'entre eux de découvrir plusieurs personnes à la fois zélées et libres d'une partie de leur temps pour constituer un bureau permanent et actif.

On a pu penser aussi à unir les différents comités à celui du chef-lieu de département ; mais il est rare que celui-ci soit vraiment un centre d'activité pour toutes les parties du département.

Aussi, « partant, suivant l'expression de Mademoiselle Devuns, de deux principes en apparence contradictoires : la nécessité de la centralisation pour protéger les intérêts généraux, et l'utilité de la décentralisation pour sauvegarder les intérêts locaux », s'est-on arrêté à proposer comme organisation type la centralisation aux chefs-lieux d'arrondissement et la fédération des chefs-lieux d'arrondissement au chef-lieu de département (¹).

Parmi les dix départements représentés au Congrès, le Jura est le seul qui possède une organisation répondant à ce plan.

---

(1) Il va de soi que la Ligue ne demeure pas esclave des divisions administratives et que des centres importants peuvent jouer le rôle de chef-lieu de canton et de chef-lieu d'arrondissement sans l'être, et la résidence épiscopale celui de chef-lieu de département.
~~~~~~~~~~

(b). Les Organisations diverses

Les autres départements se rapprochent plus ou moins de l'organisation-type, qui du reste ne saurait s'imposer d'une manière factice, mais se forme peu à peu suivant les besoins et les efforts locaux. Il n'est évidemment pas question d'enlever leur autonomie à de vaillants cantons qui ont depuis longtemps déjà leur vie propre, comme celui de Pierre-en-Bresse (où, sur 18 communes, 17 ont des sections de la Ligue) et celui de Beau-repaire-d'Isère (au sujet duquel nous donnons plus loin quelques détails).

Mais beaucoup de comités éprouvent le besoin de l'appui mutuel.

« L'isolement pèse à nos petits comités indépendants, dit le rapport de la Haute-Marne, où seul l'arrondissement de Langres est organisé en fédération. Ils sont les premiers à reconnaître leur impuissance de vivre par eux-mêmes parce qu'ils sentent obscurément qu'un comité qui reste stationnaire est un comité voué à une prochaine disparition. Nos groupes locaux sont destinés à mourir de leur belle mort, s'ils ne reçoivent pas la vie de comités plus vigoureux ».

Aussi, partout, sous une forme ou sous une autre, s'établit l'union des comités.

« Le comité de Troyes, dit le rapport de l'Aube, est en même temps comité départemental. Il est en relations directes avec tous les groupes du département. Tous les trois mois chaque présidente locale envoie son compte-rendu. Le comité départemental lui en accuse réception par un mot d'encouragement. Un de ses membres visite chaque groupe de temps à autre ».

Dans la Nièvre, l'organisation est cantonale d'après les désirs de Mgr Gauthey, qui confiait à la Ligue, au Congrès des œuvres diocésaines de 1908, le soin d'établir fortement des comités dans tous les cantons comme bases de toutes les œuvres féminines.

Dans la Côte-d'Or, depuis l'essor pris par la Ligue à la suite du congrès de Dijon en 1907 et des encouragements très nets de Mgr Dadolle, l'organisation par arrondissements est chose faite : les présidentes et vice-présidentes de Dijon, Beaune, Chatillon et Semur, se réunissent de temps en temps en comité départemental ; mais aucune présidente départementale n'est encore nommée.

En Saône-et-Loire l'organisation par arrondissements prévaut peu à peu. A la suite du Congrès de Paray-le-Monial, le comité départemental s'est constitué et c'est Mgr Villard lui-même qui veut bien en tenir la présidence.

(c). Les Cotisations

Une question délicate est celle des cotisations. Il est de toute justice de verser au secrétariat central le quart qu'il demande pour couvrir ses énormes frais généraux. Mais beaucoup de comités hésitent à envoyer à un centre la totalité ou du moins un nouveau quart de leurs fonds ; la générosité se réduit lorsque ceux-ci ne sont pas destinés à être employés sur place ; l'éducation de la solidarité est encore très incomplète.

Quelques-uns pourtant donnent spontanément l'exemple de l'entr'aide. « Le canton de Cuisery, dit le rapport de Louhans, a désiré avoir son comité à part, mais il marche toujours avec nous et nous remet chaque année une généreuse offrande pour nos frais généraux ».

« Chaque comité local, dit le rapport de l'Aube, verse le quart de ses cotisations à Paris et le quart à Troyes ; la moitié lui reste pour ses œuvres. En retour, le comité de Troyes lui procure gratuitement des conférenciers et tous les tacts de propagande. »

Dans l'arrondissement d'Avallon les sections envoient tous leurs fonds au comité d'arrondissement. Mais en retour, inlassablement, Mlle Gagnard parcourt toutes les communes, réchauffe leur zèle, entretient l'activité de leur vie.

L'expérience confirme donc cette prévision du bon sens que les ressources peuvent être centralisées là où le centre est principe d'activité ; et c'est d'ailleurs là seulement que cette centralisation est désirable.

II. Les Conférencières locales

(a). Nécessité des causeries.

« Nous avons une peine extrême, dit le rapport de Louhans, à trouver des « dirigeantes » dans les campagnes. Dans certains villages personne ne veut être à la tête de l'œuvre : on veut bien en faire partie, on est content qu'elle existe, mais c'est tout ».

C'est là une difficulté très générale à laquelle peut seul porter remède le dévouement de « dirigeantes ambulantes ».

Il faut absolument former dans tous les principaux centres des ligueuses de bonne volonté qui se rendront capables d'aller fonder des comités dans les moindres localités en exposant le but et l'organisation de la Ligue, et de réchauffer ensuite le zèle de toutes ces sections en leur expliquant leurs devoirs dans de fréquentes visites.

(b). Facilité des causeries.

Beaucoup de personnes sont effrayées par la seule pensée de prendre la parole en public, quelque restreint que soit l'auditoire. Il y faut pourtant beaucoup plus que des talents oratoires exceptionnels du zèle et de l'humilité, — non point sans doute de cette humilité fausse qui consiste à se tenir toujours dans l'ombre, mais de cette humilité de bon aloi qui risque le qu'en-dira-t-on et les humiliations, et qui demande et accepte des conseils.

Ces modestes causeries n'ont rien de solennel, mais offrent un cachet de bonne humeur et de simplicité chrétienne.

« Des causeries avec projections sont faites dans les villages, dit le rapport du Jura. Nous partons le dimanche munies d'un appareil ; la correspondante prévenue à l'avance, a obtenu d'un cultivateur qu'il veuille bien débarrasser sa grange : une ménagère prête un drap qu'on attache au mur. Nous arrivons avant les vêpres ; M. le curé veut bien les avancer à cause de la réunion que d'ailleurs il préside : nous tenons à entendre les vêpres pour donner l'exemple et ne pas laisser supposer que nous nous en dispensons. Puis, comme il n'y avait pas de chaises, chacun apporte la sienne, et l'on prend à l'église les bancs des enfants. La réunion commence aussi simple que le rustique local où elle a lieu, mais cordiale et si réconfortante !.. »

Si malgré un appareil et un milieu aussi simples la timidité subsiste, il faut tout simplement la dominer.

« Beire, fondé depuis trois ans, dit le rapport de Dijon, nous a donné du premier coup quarante adhésions, conquête d'une conférencière à son coup d'essai. Elle était si peu sûre d'elle-même, elle avait tellement peur, qu'elle s'était fait accompagner d'un conférencier, M. Lorenchet de Montjamont, tout dévoué à la Ligue et qui avait accepté de présenter la novice et de la repêcher en cas de besoin. Disons pour les timides que la même conférencière après une seconde causerie est arrivée à se passer de l'appui de la présence du dévoué M. Lorenchet de Montjamont...

Cet exemple devrait encourager d'autres ligueuses à l'imiter. Le tout est d'oser, de mettre sous ses pieds tout amour-propre et de se lancer tête baissée et après avoir suffisamment réfléchi et beaucoup prié, ce qui est le plus important ».

(c). Les qualités des conférencières locales

Suivant l'excellent exposé de Mlle Devuns les qualités des conférencières locales se réduisent aux deux suivantes : l'esprit surnaturel et le sérieux qui conduit à bien savoir ce que l'on veut dire.

La conférencière doit avoir des convictions ; elle veut rendre d'autres femmes plus chrétiennes, il lui faut pour cela être profondément chrétienne et travailler très simplement sous le regard de Dieu et pour Dieu ; elle veut instruire ses sœurs de leurs forces et de leurs devoirs, il lui faut pour cela avoir longuement réfléchi aux multiples faces des choses et s'être bien pénétrée des idées qu'elle veut répandre et des moyens qu'elle doit proposer. La piété et le jugement sont indispensables, mais peuvent suffir ; la facilité et le brillant de la parole sont ses auxiliaires précieux, mais ne sont pas indispensables et d'autre part sont absolument insuffisants à eux seuls pour un apostolat fécond.

Il va de soi que la conférencière locale ne parlera pas du premier coup devant un auditoire imposant. Après la formation intérieure, elle devra se donner une formation extérieure. Elle exposera quelques idées très simples d'abord devant une ou deux personnes s'il le faut, qui lui feront de charitables remarques, puis devant les dizainières dans les réunions mensuelles, enfin devant les femmes de quelque modeste village.

Les personnes dévouées qui voudront bien se soumettre à cet apprentissage sont assurées de rendre les plus grands services à la bonne cause.

Appendice I.

Les conférences dans le canton de Beaurepaire d'Isère

A la demande de Mlle Frosssard, présidente du congrès, Mme Monchovet, présidente du comité de Beaurepaire d'Isère, voulut bien exposer avec beaucoup de simplicité et de bonne grâce l'organisation un peu particulière des conférences dans ce canton.

« ... Nous avons trois grandes réunions par an. Nous avons, dès la fondation de notre comité, tenu à y inviter spécialement les hommes parce que dans notre région, il se donne de très mauvaises conférences soit par des députés socialistes, soit par des sectaires athées : nous avons eu Charbonnel, Séraphine Pajot..... Il nous a semblé que notre devoir de ligueuses était de faire entendre la parole d'orateurs catholiques et patriotes dans cette même salle, où il s'était dit tant de paroles mauvaises et d'y convier tous les hommes, les mauvais comme les bons.

En mars, époque la plus favorable pour avoir des cultivateurs de toute la région, nous avons ce qu'on appelle la grande conférence. Pour cette réunion, nous envoyons de 2.000 à 2.500 invitations à Beaurepaire et dans une quarantaine de paroisses : à Beaurepaire, nous n'exceptons pas un homme, dans les autres paroisses, Messieurs les curés et nos dizainières nous aident à établir et à réviser les listes d'invitation. La première préparation en 1902 a été très dure : nous n'avions pas encore la Ligue dans toutes les paroisses et trois semaines avant la réunion le seul homme ayant à la fois l'influence et la connaissance du pays, est mort subitement. Les choses ont marché quand même, mais je n'exagère pas en disant qu'il a fallu écrire au moins deux cents lettres. Les jalons étant maintenant posés dans toutes les paroisses, la besogne est plus facile. Pour mener à bien la réunion, nous devons la préparer un mois d'avance. Nous tâchons de la placer huit ou dix jours après une foire, ce qui nous permet de voir à temps nos aides des paroisses environnantes, qui, venant pour leurs affaires à Beaurepaire, prennent ce jour-là les cartes à distribuer. Nous placardons des affiches à Beaurepaire, à toutes les entrées de la ville. Nous nous efforçons d'avoir dans chaque paroisse trois hommes dévoués qui nous servent de rabatteurs : les cartes invitent, mais il faut encore que les gens soient encouragés à s'en servir. Nous pointons ceux qui, ayant des voitures, peuvent amener des voisins, les jeunes gens ayant des bicyclettes, pouvant se grouper et venir ensemble ; il faut écrire à tous ceux qui peuvent amener un groupement, rien ne vaut cela : on vient avec entrain, au retour on discute ensemble ; la conférence porte de meilleurs fruits. Nos cartes nous coûtent peu, nous les faisons nous-mêmes et nous écrivons tous les noms de nos invités ; ils sont flattés de cette carte où leur nom est écrit. Le dimanche précédant la conférence, celle-ci est annoncée en chaire par Messieurs les curés et affichée dans toutes les paroisses. Comme il y a plusieurs inconvénients à envoyer les cartes par la poste, nous faisons notre possible pour qu'elles soient distribuées par des personnes sûres, quatre ou cinq jours avant la réunion ; les intéressés prévenus par les affiches sont heureux de recevoir une invitation personnelle et n'ont pas le temps de l'oublier. Voilà sept ans que nous avons ces conférences qui ont toujours réunis de douze à quinze cents personnes. La salle servant aussi de théâtre, il y a une scène spacieuse où deux cents hommes entourent l'orateur ; cette scène est une véritable attraction ; nous offrons des places sur l'estrade à tous les braves des paroisses environnantes qui nous aident : ils en sont très honorés. Les adhérentes de la Ligue sont conviées de droit ; il est indiqué sur l'affiche qu'elles auront des places réservées..... Cette journée fait la joie des cafetiers et des pâtissiers de Beaurepaire : il fait chaud dans la salle, et chacun va se rafraîchir et se réconforter après la conférence : ceci est le petit coté, mais qui n'en fait pas moins aimer nos réunions..... Nos braves catholiques ont été très remontés pour la lutte par ces réunions et la ferme parole de nos orateurs, et déjà de petits succès sont venus les encourager : aux dernières élections municipales, ils ont gagné des voix et été élus dans deux communes. Nos conférences catholiques ont sûrement beaucoup plus d'auditeurs que les conférences socialistes qui continuent une ou deux fois par an.

Notre deuxième grande réunion des familles a lieu à l'occasion de la fête de Jeanne d'Arc, que nous plaçons après une foire de juillet dans un moment d'accalmie pour les travaux agricoles entre les foins et les moissons. Nos adhérentes se chargent des invitations dans chaque paroisse ; Messieurs les curés font l'annonce en chaire : nous envoyons des cartes aux présidents des groupements de jeunesse dans les paroisses où il en existe, mais nous n'invitons pas spécialement et nominativement les hommes. Cette réunion ne présente pas le même caractère que la première : il y a beaucoup plus de femmes, de jeunes filles et de jeunes gens de quinze à vingt ans. Deux fois elle a servi de préparation au pèlerinage diocésain de Lourdes, une fois à celui de Rome. La conférence y est donnée quelquefois avec projections. Après la conférence, la foule vient à l'Eglise pour le salut solennel qui clôture la fête.

A la fin de novembre ou au commencement de décembre, nous avons une troisième réunion à laquelle nous invitons nos adhérentes et les hommes dévoués des différentes paroisses : elle a spécialement pour but de les exciter à faire plus et mieux pour la presse.

Outre ces réunions qui intéressent tout le canton, nous avons pour Beaurepaire même, le deuxième dimanche de chaque mois, notre réunion mensuelle familiale de la Ligue. Nous nous occupons particulièrement des fillettes des écoles laïques pour leur enseigner le catéchisme, leur apprendre un peu de couture et de raccommodage, nous intéresser à leur éducation chrétienne, à leur formation à la piété : le deuxième dimanche du mois, nous groupons autour d'elles leurs mères et leurs sœurs ; la réunion présidée par Monsieur le Curé commence par la prière, puis nous disons ou lisons quelque chose intéressant particulièrement la Ligue : allocution ou rapport du compte-rendu d'un congrès, article de l'Echo, exposé du devoir du moment pour les ligueuses..., puis nos fillettes chantent un cantique, disent quelques poésies, ou encore, deux fois par an, jouent une petite pièce ou représentent des tableaux vivants de l'ancien ou du nouveau testament : ainsi, elles instruisent leurs mères. Les travaux du mois sont exposés, et les fillettes reçoivent les récompenses méritées par leurs bons points. La séance se termine par un mot de Monsieur le Curé et par une prière.

Nous avons encore chaque mois une réunion de dizainières pour le pliage et le paquetage du Petit Echos et pour des communications intéressant la Ligue, le travail à faire, les services à rendre d'après les observations faites par chacune dans sa tournée de distribution..... »

Appendice II.

Les sections de jeunes filles

Les sections de jeunes filles de la Ligue peuvent s'occuper d'œuvres multiples, mais le cercle d'étude est l'un des principaux terrains de leur activité.

Le rapport présenté au Congrès sur la section de jeunes filles de Dijon expose avec beaucoup de précision les résultats attendus de l'étude en commun : formation de femmes chrétiennes instruites de leur foi et de leurs devoirs sociaux, examen et préparation des œuvres à entreprendre par la Ligue. Voici ce rapport in-extenso :

« Il y a 18 mois, Mlles Devuns et de Noaillat étant à Dijon, pour le congrès de la Ligue, une jeune fille, déjà ligueuse, priait Mlle Devuns de fonder une section de jeunesse. Mlle Devuns lui répondait : « Pouvez-vous, Mademoiselle, faire le tour de force de me trouver aujourd'hui 15 jeunes filles ? Si oui, la chose est faite ». Mlle Gouget se met aussitôt en campagne, et 3 heures après, arrive chez Mlle Devuns, suivie de 15 autres jeunes filles. La section nouvelle était fondée.

« Mais, dira-t-on, à quoi bon ? Pourquoi diviser toujours les œuvres ? Les jeunes filles ne pouvaient-elles travailler avec les dames ? Oui, sans doute, mais, outre que la jeunesse fort indépendante de nos jours, apprécie infiniment sa liberté et son autonomie, les jeunes filles avaient une ambition particulière ; Elles voulaient former des Ligueuses. Qu'est-ce qu'une Ligueuse ?

« C'est un apôtre.

« Or, on ne s'improvise pas apôtre du jour au lendemain, l'apostolat s'apprend, comme tout autre chose. La section des jeunes filles, veut se préparer par des études spéciales, s'entraîner par des œuvres, afin de former un jour des Ligueuses, non pas plus zélées que celles d'aujourd'hui, ce serait bien difficile, mais plus instruites, plus averties.

« L'étude en commun fut donc organisée.

« Les membres de la section des jeunes filles sont une vingtaine, appartenant à toutes les classes de la Société ; elles se réunissent tous les 15 jours, pour éclairer leurs intelligences et fortifier leur volonté. Les quelques ouvrières qui sont parmi elles ont, évidemment, une culture intellectuelle inférieure à celle des jeunes filles des autres classes, mais combien elles rachètent cela par d'autres sérieuses qualités, combien il y a chez elles plus de dévouement, de force morale, d'habitude de se débrouiller, d'oubli de soi !

« Chez les autres, en revanche, on trouve plus de souplesse, de vivacité, de largeur d'esprit. Eh ! bien ne voyez-vous pas l'avantage de mettre en contact toutes ces qualités diverses qui réagiront les unes sur les autres ?

« C'est ce que fait la section des jeunes filles.

« Pour en faire partie il faut :

« 1º Etre catholique pratiquante.

« 2º Avoir au moins 17 ans et pas plus de 30.

« 3º S'engager, *dans la mesure du possible*, à s'occuper d'œuvres et d'études sociales.

« La direction se compose d'une présidente d'honneur, membre du comité de la Ligue, d'une présidente effective, d'une vice-présidente et d'une secrétaire.

« Chaque réunion commence par la prière ; communication est faite du procès-verbal de la dernière réunion, puis vient la causerie suivie de la discussion.

« Le sujet de la causerie est donné un mois à l'avance. Deux jeunes filles sont désignées pour faire ensemble le travail. Quelques jours avant la réunion, elles doivent envoyer leur plan aux autres membres ; chacune en l'étudiant fait un travail préparatoire, qui rend ensuite la discussion beaucoup plus intéressante.

« Voici les principaux sujets traités :

La Ligue, son but, ses travaux.
L'apostolat de la jeune fille autour d'elle.
Le repos dominical.
L'action de la jeune fille de la classe aisée, sur celle de la classe ouvrière.
Le rôle de la jeune fille près des enfants.
Difficultés rencontrées à l'atelier.
Le respect humain.
L'œuvre du trousseau.
La formation intellectuelle de la femme.
La volonté.
Nécessité d'avoir des principes.

Les maisons ouvrières.

La loi du travail.

Le juste salaire des ouvrières.

La lecture.

Les mutualités.

Les distractions.

Les cercles catholiques d'ouvriers.

« Plusieurs de ces causeries nous ont déjà été d'une grande utilité, en particulier celle traitant de l'œuvre du trousseau. Les documents recueillis par la section, ont aidé à fonder cette œuvre, dans plusieurs paroisses de campagne.

« Maintenant la grande question qui se pose est celle-ci :

« Avons-nous obtenu des résultats pratiques ?

« Sans hésitation, nous répondons : Oui. Entendons-nous, cependant. Notre œuvre étant une œuvre de formation, ne peu aboutir en quelques mois. Nos résultats ne sont pas encore bien remarquables, mais notre jeune section est un baby de 18 mois, on ne peut donc guère lui demander que de marcher tout seul. Patience, un jour viendra où il fera de plus grandes emjambées, où il gravira les pics les plus ardus, donnez-lui seulement le temps de grandir. Dores et déjà, parmi nous, beaucoup s'occupent activement de la Ligue, comme dizainières, travaillent au bureau, accompagnent les conférencières, etc. Plusieurs d'entre nous, appartenant à des milieux ouvriers, ont pu réfuter des objections entendues à l'atelier ; c'est le cercle d'études qui les en a rendues capables.

« Enfin nous croyons, c'est une illusion peut-être, mais nous croyons fermement avoir fait faire un pas, oh ! un tout petit pas, à cette question si ardue, si brûlante de l'union des classes. Sans doute, pour que ce pas devienne plus grand, il y a encore beaucoup à travailler, mais n'est-ce pas quelque chose que d'en avoir fait faire un, si petit qu'on le suppose, pendant les 18 mois de notre courte existence ?

« Enfin, toutes nous sommes persuadées de ceci : nous avons un devoir social à remplir.

« Toutes nous avons le désir, oh ! combien vif et brûlant ! le désir dis-je, de l'apostolat, ce désir qui fait la vraie Ligueuse et qui lui inspire la soif de travailler au salut du pays, en procurant celui de tous ces frères, la soif des âmes en un mot.

« Et c'est quelque chose, n'est-ce pas, que cette soif éveillée et entretenue dans des cœurs neufs et des esprits actifs ? »

PREMIÈRE JOURNÉE
SÉANCE DE L'APRÈS-MIDI

L'enseignement ménager utile à toutes les futures maîtresses de maison doit être donné partout et non seulement dans les centres importants, où des écoles ménagères indépendantes et très complètes peuvent être organisées. C'est pourquoi il parut bon aux organisatrices du congrès de Paray-le-Monial, de consacrer toute une séance à l'étude de l'enseignement ménager à l'école et des écoles ménagères à la campagne.

I. L'enseignement ménager à l'école

(a) La pratique

Le rapport suivant, qui ne fut pas lu au congrès, mais fut composé pour ce compte rendu, expose d'une manière très attrayante les idées à faire pénétrer au sujet de l'enseignement ménager à l'école,

« Notre siècle est assurément un siècle de progrès ; il nous offre des découvertes si merveilleuses que nous ne nous étonnons plus de rien, constamment partagés entre l'admiration et l'attente ! Que nous donnera la science demain avec son cortège d'imprévus ?

« L'esprit tendu vers la locomotion à toute vitesse et les aviateurs, nous ne nous apercevons pas qu'une étoile disparaît à l'horizon, n'ayant plus ni la place, ni le temps de se mouvoir dans ce concours étourdissant de vitesse !

« Vous ne la cherchez donc pas comme moi la femme de 1830 à 1870, grande dame ou petite bourgeoise, mais femme calme, paisible, ordonnée, si charmante dans sa robe de jaconas qu'elle avait confectionnée, brodée à la pâle et bienfaisante lueur de la lampe à l'huile et qu'elle savait rendre immaculée chaque semaine, par un fin savonnage et un repassage impeccable.

« Ah ! certes elle ne ressemblait en rien à sa petite fille du

XXeme siècle, séduisante encore, je vous l'accorde dans son horrible costume d'automobiliste, mais combien peu femme avec ses airs masculins ! Par contre, que de grâce dans la démarche, l'attitude réservée et le grand air de l'aïeule !

« Vous ne regrettez donc rien du passé qu'évoquent les rouleaux grisonnants de ces quelques rares vieilles dames, que je ne puis m'empêcher de regarder avec vénération lorsque je les croise sur ma route ? Moi, si, et c'est bien bas, avec un respect ému, que je salue en mon for intérieur, celles qui ont su vieillir en restant fidèles aux traditions de leur époque, sans se laisser entamer par la folie de la nôtre ! Et s'il y avait un concours de distinction, de bon goût, de bon sens, de qualités domestiques, croyez le bien, ô mes contemporaines, si fières de vos succès mondains le sexe fort n'hésiterait pas à décerner le prix (voir même celui de beauté) à ces femmes d'un autre âge qui ont su ménager à leurs descendants le confort, la fortune, le luxe dont ils usent et abusent peut-être aujourd'hui.

« Elles étaient modestes, nos grand'mères; simples en leurs ajustements, mais combien riches étaient leurs armoires ; depuis celles de la vaste lingerie où s'entassaient bien numérotées et comptées, les hautes piles de linge damassé ou les nombreuses paires de draps de fine toile qu'elles auraient su filer elles mêmes, ne vous en déplaise, jusqu'aux rayonnages de la chambre aux provisions sur lesquelles s'alignaient, par ordre de taille et de qualité, les bocaux coiffés de blanc, renfermant la confiture aux quatre fruits, les quartiers d'abricots ou d'oranges, les modestes conserves de pois, de haricots, les exquises liqueurs, couleur d'ambre ou de vermeil exprimées des fruits du verger.

« Rien ne manquait dans cette admirable réserve ; chacun y trouvait son régal, sa nourriture, l'apaisement de sa souffrance, puisque les macérations de plantes, les baumes et les onguents y avaient leur place.

« Ces deux pièces, essentielles dans la vieille demeure, occupaient sérieusement la maîtresse de maison et nous représentent, à l'heure actuelle, la mentalité de nos aïeules. Celles-ci vivaient à une époque où la richesse publique allait s'accroissant prodigieusement par l'introduction des machines dans l'industrie ; elles voyaient, avec bonheur, grandir la prospérité de l'usine ou du commerce et supputaient, je n'en doute pas, les bénéfices annuels ; mais, sachant, par l'exemple de leurs mères, que les femmes font et défont les maisons, elles ne se croyaient pas dispensées d'ajouter à la fortune des leurs, le fruit de leurs travaux domestiques, de leur sage économie.

« Pourquoi, hélas ! n'ont-elles pas transmis leurs vertus à celles qui devaient continuer leur race ? Vous le constatez comme moi, de nos jours les ménagères se font rares : on n'a plus le temps, il faut aller si vite ; la culture de l'esprit dans les classes élevées, le désir du gain dans la classe ouvrière ne permettent plus ces préoccupations surannées : il faut passer ses examens ou gagner de l'argent et pendant que nos intellectuelles et nos savantes font du féminisme à outrance pour n'être plus que masculines, le pays se meurt, parce que la famille se meurt ! L'âme de la maison n'existe plus !

« C'est ce cri de detresse que je voudrais faire entendre à toutes les éducatrices qui ont souci de leur mission.

« A elles, incombe une large part de responsabilité. Qu'ont-elles fait pour résister au courant de luxe, d'amour effrené du plaisir, de matérialisme qui s'est abattu sur notre pays ?

« Sans doute, elles se sont dévouées ! Mais ont-elles cherché, en conscience, à remédier au mal social en le prenant à sa source ; ont-elles essayé d'imprégner l'âme de leurs jeunes élèves de cette conception de la vie sérieuse qui les attend au sortir de l'école ; leur ont-elles bien dit qu'avant d'être femmes du monde, commerçantes ou ouvrières elles seront par vocation, maîtresses de maison, par conséquent ménagères, chargées de la santé, du bien être matériel et moral de tous ceux qui se reposeront sur elles ?

« Ont-elles ajouté que, si cette tâche semble austère, aride, fatigante dans sa monotonie et son prosaïsme, elle a sa noblesse, son élévation, sa poésie ses joies, les seules véritables, durables pour la femme ?

« A dire vrai, je crois qu'il est nécessaire de convaincre les éducatrices avant d'entretenir les élèves ; celles-là, une fois gagnées à notre Cause assureront le succès !

« C'est donc à elles tout spécialement que je m'adresse, les suppliant de réfléchir à l'œuvre de régénération qu'elles peuvent accomplir !

« Mais, je les entends : « Vous en parlez à loisir ! Nous sommes chargées de cultiver l'esprit et le cœur de nos enfants ; l'apprentissage du ménage est le fait de la mère de famille et n'entre pas dans nos fonctions ; d'ailleurs, nous n'y avons pas été préparées. »

« Permettez :

« 1° Vous êtes chargées·de cultiver l'esprit et le cœur de vos élèves. Vous avez raison : toute l'éducation est là. A l'esprit, vous donnez les connaissances utiles, au cœur la formation morale. Mais alors, nous allons être du même avis ! Quelles connaissances plus utiles que celles de l'hygiène qui fait les santés robustes, les peuples sains et forts ? de la puériculture qui arrache tant de jeunes vies à la souffrance ou à la mort ? de l'alimentation journalière qui répare les forces, entretient la bonne humeur, résultat d'un bon estomac ?

« Quelle connaissance meilleure que l'art de faire un sage emploi du temps, des choses et de l'argent si péniblement gagné de 6 heures du matin à 7 heures du soir par l'ouvrier de l'usine ou de l'atelier ? En trouvez-vous de plus indispensables que celles qui, détruisant l'ignorance ou les préjugés, apprennent à la jeune fille, la femme de demain, les dangers de tels ou tel ustensile de cuisine mal entretenu ou mal nettoyé ?

« Vous le sentez bien, ces connaissances priment toutes les autres ; vous les devez à vos élèves. Les leur avez-vous données ?

« En 2° lieu, vous voulez former leur cœur, c'est la partie noble et consolante de votre vocation ; mais quelle responsabilité ! Ces enfants, cire molle que vous façonnez à votre gré, seront ce que vous les aurez faites : femmes sérieuses ou têtes d'oiseau, vaillantes ou amollies, selon que vous leur aurez insufflé ou non ce courant d'énergie qui pousse à l'action, à l'oubli de soi, à la perfection morale dans l'accomplissement du devoir quotidien.

« Ce devoir sera celui de leur vie entière ; le logis où elles apporteront l'ordre, la paix, ou le désordre et la guerre, sera votre œuvre ; et si vous leur en faites aimer, à l'avance, les occupations, elles en feront par l'économie intelligente, par le travail et la bonne humeur, un nid chaud, douillet pour les tout petits, un abri pour les plus grands, un home hospitalier pour tous !

« Enfin, et c'est la question délicate : Vous n'avez pas été préparées à cet enseignement !

« Peut-être. Mais vous avez si peu à faire pour combler cette lacune ! N'êtes-vous pas femmes, maîtresses de maison ?

« En tout cas, vous savez lire, cela suffit. Nous avons de très bons ouvrages.

« En vous inspirant de leur science, vous serez vite à la hauteur de votre nouveau professorat !

« Donc, vous voilà à l'école primaire, au milieude vos enfants du peuple parlant enseignement ménager.

« Les difficultés abondent : vous n'êtes pas outillées, vous ne pouvez espérer l'être ; impossible d'aborder l'enseignement pratique de l'art culinaire, de l'entretien du linge ; mais que de bons et utiles entretiens vous aurez avec votre petit auditoire !

« A l'école rurale, ayant votre installation personnelle dans la maison d'école, vous tenez à votre disposition plus de ressources d'expériences que vos collègues enseignant dans nos écoles urbaines.

« Ici, comme là, un enseignement *théorique*, *méthodique*, gradué suivant un *programme annuel* réparti mensuellement, s'impose ; l'habitation, l'alimentation, le vêtement, la puériculture, les soins nécessaires aux malades feront les frais d'intéressantes causeries.

« Il est nécessaire que vous leur consacriez au moins une heure par semaine, heure affectée à ce cours, préparé sérieusement comme tout autre, suivant un plan que vous développerez et qui sera résumé à la leçon suivante.

« Pour l'élaboration de votre programme les saisons se feront vos auxiliaires ! En automne, l'éclairage s'impose ; c'est le moment d'apporter votre lampe à l'école, d'en expliquer le fonctionnement, de faire comprendre la nécessité du courant d'air, par conséquent du nettoyage des grilles, de l'entretien du verre ; vous la faites remplir, nettoyer par quelqu'une de vos élèves : puis vous parlez des dangers des allumettes, du gaz, du coût de l'huile, des précautions à prendre avec l'essence ; versant un peu de cette huile dans une petite assiette, vous apprenez à vos fillettes attentives à distinguer le liquide explosible du pétrole rectifié.

« En hiver, vous vous chauffez par les combustibles. Il faut allumer les feux, les entretenir économiquement, éviter l'air desséché par la fonte ou le coke ; que de questions ! Quel bon apprentissage ! Vous savez combien est incommodant le poêle qui fume et vous entête, il y a de quoi faire fuir de la maison le meilleur père de famille.

« Vous abordez la question du linge, quelles difficultés éprouverez-vous à procéder au nettoyage d'une tache : graisse, fruit, encre etc ? Il faut si peu de chose, un peu de coton, quelques gouttes d'ammoniaque, de chlore, d'essence, quelques allumettes pour les taches de fruit, une serviette propre. Et vos enfants n'auront plus le droit de se présenter devant vous avec un col malpropre ou un vêtement taché.

« Voici la saison chaude, les vergers, les jardins et les prairies répandent à l'entour leur parfum subtil et pénétrant. C'est l'époque des promenades à travers champs ; vous n'omettrez pas alors de parler un peu botanique, d'indiquer les principales propriétés de quelques simples qui viennent si à propos calmer un mal de tête, adoucir un mal de gorge, etc... et la petite ménagère en herbe commence à herboriser pour sa pharmacie future ; tout cela l'enchante, l'intéresse au plus haut point et oriente son intelligence vers le côté utilitaire des choses.

« La tenue de la salle de classe, de la cour, du préau, vous fournira la leçon pratique par excellence : Exigez l'ordre le plus parfait, pas de papiers à terre, pas de fenêtres embarrassées, pas de vêtements accrochés ici ou là, ailleurs qu'aux portemanteaux ; que les cahiers et les livres soient soigneusement couverts ; faites chaque semaine la visite des bureaux, proscrivez les objets inutiles et malpropres.

« Pourquoi de temps à autre ne mettriez-vous pas le balai entre les mains d'une quelconque de vos élèves, afin de lui apprendre à s'en servir sans soulever un nuage de poussière, sans maculer les plinthes ?

« Essayez et vous verrez ensuite avec quel empressement elles voudront sous votre direction, nettoyer les vitres, enlever la poussière, faire une guerre acharnée aux araignées, cirer leurs pupitres, les aligner symétriquement, décorer les murs de quelques saines gravures et embellir leur salle d'études qu'elles apprendront ainsi à aimer davantage.

« Ainsi comprise, votre leçon d'enseignement ménager sera assurément la plus attractive de toutes, la plus attendue et une des plus profitables.

« Mais cette leçons théorique ou pratique, faite une heure par semaine est-elle suffisante ?

« Assurément non ! Le travail manuel, la morale, les sciences viennent à leur moment ajouter des notions utiles à ce petit apprentissage.

« En morale, les devoirs envers les biens extérieurs, les devoirs de l'homme envers le corps se rattachent à notre question : parlez-vous de l'ordre, de l'économie, donnez des exemples pratiques, faites dresser un budget. Abordez-vous cette terrible question de l'intempérance, de l'alcoolisme ? prouvez que le mal serait à moitié conjuré si nos femmes du peuple étaient plus courageuses ; dites-leur que cet ouvrier qui part en hiver à 6 heures du matin, par la neige ou le brouillard intense, n'aurait pas eu la tentation d'entrer chez le petit cafetier du coin s'il avait été réchauffé avant son départ, par une soupe fumante que lui aurait préparé sa compagne levée avant lui ; ajoutez qu'il ne songerait pas à prendre le chemin du cabaret maudit le dimanche, si, proprement vêtu par les soins de sa femme, entouré de sa petite famille gentiment parée, il s'en allait faire une bonne promenade appuyé sur le bras de la femme accorte et aimable qui lui aurait ménagé cette soirée de bonheur fortifiant, tout en évitant les affres de l'inquiétude du retour nocturne et les brutalités de l'homme en démence, pour elle et pour ses enfants.

« Les éléments des sciences se prêtent admirablement à cet enseignement.

« L'air, la nécessité d'aérer les appartements, surtout la chambre à coucher, l'oxyde de carbone, l'acide carbonique, leurs dangers, la nécessité d'élever les berceaux, de les superposer au-dessus de la couche de ces gaz restés sur le sol en raison de leur densité, les ferments, les microbes fournissent des leçons très importantes si l'on pense à la contagion, aux maladies épidémiques, à leurs signes précurseurs.

« La zoologie, si captivante pour l'enfant parce qu'elle lui explique le mécanisme de son corps, vous amènera au chapitre alimentation.

« Réparer les pertes éprouvées chaque jour par l'organisme, entretenir la combustion, fournir des chiffres approximatifs sur la valeur nutritive ou respiratoire des principaux aliments, organiser un repas, voilà des sujets d'entretiens d'une utilité primordiale.

« Enfin, le cours de couture, étant de sa nature essentiellement ménager, trouve sa place dans notre sujet :

« Là, vous brillez incontestablement, mais là aussi je vous demande de faire du pratique. S'il y a une chose indéniable, c'est le mépris souverain que les jeunes filles, nouveau siècle, affectent pour les travaux de couture ! On brode admirablement, on fait des merveilles artistiques en dentelles, mais, s'il s'agit de réparer un vêtement usagé, de poser une pièce, de faire une reprise, fît donc ; on met l'objet de côté et l'on s'en procure un autre, parce que l'on croirait déchoir en employant un peu de temps au raccommodage, besogne trop servile pour des intellec tuelles ou des scientifiques.

« De grâce, je vous en prie, faites la lumière. Que les doigts agiles de vos petites filles s'exercent à confectionner, lorsque vous leur aurez enseigné les différents points de la couture, les premiers objets de la layette ; béguins, petits bonnets coulissés, brassières simples ou ajourées, bavettes, etc.

« Voici des travaux qu'elles seront très fières d'exécuter, d'enjoliver ; qu'elles seront heureuses de retrouver plus tard comme modèles, au jour où la bénédiction du ciel entrera sous leur toit avec le petit être qu'il faudra langer, vêtir.

« De la layette, pourquoi ne passeriez-vous pas aux objets usuels de première nécessité : chemises d'enfant, tabliers etc ?

« Essayez, donnez vous la peine de faire en la matière un véritable cours, *commun à toute la classe*, confectionnant le même objet, et vous constaterez bientôt comme résultat de vos efforts, plus de confiance de la part des familles (par suite un accroissement de votre population scolaire) et plus de sagesse, de calme chez vos petites élèves, car l'aiguille a pour premier effet d'assagir la jeune fille, de la fixer un moment, de lui donner par conséquent le temps de réfléchir et le moyen de faire du bien ; mais par la suite, elle lui donnera surtout le moyen de vivre fièrement sa vie pauvre dans l'indépendance et la dignité.

« Je m'arrête, n'osant espérer vous avoir convaincues..... Puisse l'idée germer !

« Alors, grâce à vous, revivront ces femmes d'autrefois, seules capables de reconstituer la famille française et de nous guérir du mal dont nous mourons lentement ».

~~~~~~~~~
~~~~~~~~~

(b) La Formation des Professeurs

Mlle Le Masson, du comité grenoblois de la Ligue, vice-présidente du comité central de l'enseignement ménager agricole du Sud-Est, communiqua au Congrès un rapport sur la formation des professeurs de l'enseignement ménager, dont voici d'importants passages :

« En août 1907 l'Union des syndicats agricoles du Sud-Est, fondait à Valbenoite près de Saint-Etienne un cours normal ménager à l'usage des institutrices des écoles libres. Ce premier essai qui groupa une quarantaine d'élèves-maîtresses eut un tel succès, que, dès le mois de novembre suivant, à l'occasion de son assemblée générale, l'Union du Sud-Est créait décidément cette œuvre nouvelle, et nous faisait comprendre par le très remarquable rapport de Mlle Grelet, directrice de l'école libre St-Hilaire de Poitiers (¹) que l'enseignement ménager pouvait se donner avec succès par l'intermédiaire de l'école, par l'institutrice. »

. . . .

« Les départements affiliés à l'Union furent invités alors à envoyer les institutrices à un nouveau cours normal qui aurait lieu aux grandes vacances de 1908 : 68 maîtresses répondirent à l'appel ..... C'est à St-Genis-Laval, près de Lyon, dans un superbe local (ancienne maison des Frères) gracieusement prêté par l'Union des Associations scolaires lyonnaises, que fut donné en août et septembre 1908 le cours normal sous la direction éminente de Mlle de Belfort »,

. . . .

« Pour faciliter le travail des maîtresses, l'Union du Sud Est a publié un volume : *Manuel d'enseignement ménager agricole*, que l'on trouve au prix de 2 fr. 30 dans ses bureaux, 17 rue Centrale, à Lyon, et qui résume très clairement et simplement tout ce que la future ménagère peut et doit savoir pour conduire avec économie son ménage, rendre son logis sain, soigner ses enfants, entretenir sa basse-cour, etc., et en un mot tout ce

---

(1) Voir « Programme de l'enseignement ménager à l'école » par Mlle Grelet, chez Vitte à Lyon.

qui lui fera aimer son intérieur. et y retiendra son mari, que celui-ci soit agriculteur ou ouvrier· ».

« Dans certaines écoles les cours ont été tout d'abord théoriques : que de choses déjà on peut ainsi apprendre. Dans d'autres, sur le fourneau même de la classe on a pu faire quelques soupes ou petits plats simples. Ailleurs c'est le jeudi que se donne l'enseignement ménager, et si l'on a la bonne fortune de posséder un local spécial, le lavage, le repassage, la cuisine sont enseignés ce jour là ...... L'enseignement ménager peut aussi et avec les plus grands fruits être donné en cours du soir pour les jeunes ouvrières. A Roanne notamment et dans les environs, il y a sept ou huit cours ménagers du soir qui fonctionnent avec succès ».

« Comme sanction des études l'Union du Sud-Est donne à la suite d'examens un diplôme ou brevet d'enseignement ménager aux élèves-maîtresses, et aux élèves des écoles deux certificats, (1er et 2e degré). »

« Dorénavant, on ne peut plus objecter que l'enseignement ménager soit une cause de dépenses considérables pour qui veut l'installer dans une école libre. Pour un comité, s'il peut en faire seul les frais, ce sera un sacrifice maximum de 50 à 60 fr. (prix du cours normal). »

Il existe à Dijon une école ménagère normale, qui rend les mêmes services que celle de St-Genis-Laval, et sur laquelle le comité dijonnais de la Ligue donnerait tous les renseignements désirables.

II. Les Ecoles Ménagères à la Campagne

On ne saurait mieux exposer ce qui est possible en pareille matière qu'en décrivant ce qui a été fait. Le rapport suivant indique d'une manière très pratique ce qui a été entrepris dans un village du Jura.

1. Fondation

« Depuis quelques années déjà, le départ de nos chères religieuses qui, depuis cinquante ans, élevaient les enfants de notre paroisse laissait un vide que rien ne comblait.

« Le prêtre et le noyau de fervents catholiques, comme il s'en trouve encore, Dieu merci, dans toutes nos paroisses françaises, gémissaient de voir des fillettes se tenir moins bien à l'église, et, après leur première communion, négliger la régularité aux offices et la fréquentation des sacrements.

« On avait d'abord pensé à fonder un patronage ; seulement, dans notre population très mêlée, une œuvre purement religieuse n'aurait pas été comprise de parents peu chrétiens, alors que, justement c'était l'avenir religieux de leurs enfants qui nous préoccupait le plus. Un intérêt immédiat et pratique pouvait seul les intéresser. Des parents, sans être vraiment hostiles, ne se seraient pas gênés pour envoyer les enfants irrégulièrement ; un échec était à craindre, il fallait quelque chose de nouveau.

« On priait, et on attendait l'heure de Dieu qui toujours sonne pour qui le demande.

« Au mois d'août 1903, parut dans la « Croix de Paris », l'éloge d'un livre, œuvre d'un sociologue éminent : « *Initiatives Féminines* » de *Max Turman*.

« Inspirée par la Providence, une personne de la paroisse l'acheta, espérant y trouver peut être la solution cherchée et, parmi les exposés très clairs de multiples œuvres sociales, le petit comité, sous la direction de son curé, choisit l'école ménagère.

« Voici donc la voie trouvée, le pays, bien moderne d'idées, serait flatté de voir cette école très nouvelle s'ouvrir pour ses enfants, et cela n'excluait pas l'idée de formation religieuse, car la personne à qui fut confiée la responsabilité de la direction, était une ligueuse instruite de la nécessité de l'apostolat par tous les moyens et assez connue dans le village pour n'avoir pas à faire de profession de foi. Elle mit dans son programme que toutes les enfants catholiques inscrites pour l'enseignement ménager, seraient tenues à l'assistance régulière aux offices du dimanche.

« L'œuvre en perspective convenait très bien au milieu, mais toute œuvre nécessite un budget.

« Quatre dames riches et généreuses promirent de donner chacune 50 francs par an, les autres dames du comité et quelques familles catholiques 10 francs par an.

« C'était assez pour commencer.

« Des quatre dames fondatrices l'une fut présidente ; une autre très dévouée se proposa comme professeur de repassage ; les deux autres ne pouvant donner leur temps, furent conseillères.

« Parmi les membres du comité, la directrice donna le local qui, étant contigu au sien (¹), rendit la surveillance générale facile. Deux autres dames, fort expertes en la matière, furent professeurs de cuisine et une troisième, très adroite aux travaux manuels fut professeur de couture.

« A la réunion où la création de l'œuvre se décida, les six personnes qui offraient leur dévouement à l'œuvre nouvelle, se promirent une charité réciproque ; on s'aimerait comme devaient s'aimer les apôtres, se promettant d'avance un pardon réciproque pour tous les petits froissements involontaires, afin d'attirer sur l'œuvre la bénédiction divine.

« Nous sommes encore toutes là, les six, à nous occuper de notre école ménagère nous avons tenu parole depuis 1905, aucun nuage n'est resté entre nous ; de ce long contact de caractères cependant très différents, sont nées de solides amitiés qui nous font partager consolations, épreuves et joies.

« Voici notre budget établi, notre local prêt, quand commencerons-nous ?

« Dire une messe pour que Dieu bénisse l'œuvre était tout indiqué et puisque c'est une œuvre pour jeunes filles, nous attendrons le jour de la fête de Ste-Catherine. Justement il est de tradition dans le pays, que toutes, petites et grandes filles, assistent à la messe ce jour-là, et même offrent un pain béni.

« En attendant ce jour, autant désiré de nous que des enfants, car des indiscrétions ont été commises, nous organisons le local. On nous demande à droite, à gauche des renseignements, tout le pays est intrigué : une école ménagère c'est du nouveau. Nous disons à tous que cette œuvre peu connu encore, a une haute portée sociale, car les jeunes filles, qui pendant plusieurs années, suivront ses cours, apprendront à aimer leurs humbles devoirs de ménagères futures et à les accomplir avec le plus de perfection possible.

« Toutes prises par nos devoirs d'état, nous nous en tiendrons donc aux connaissances pratiques acquises par l'expérience, regrettant qu'il nous soit impossible d'aller suivre les cours

---

(1) Une épicerie

spéciaux qu'a créés à cet effet, une femme d'une intelligence supérieure et d'un dévouement admirable : Madame la comtesse de Diesbach, fondatrice des écoles ménagères en France.

« Aux parents, intéressés par cette nouveauté, nous disons que dans un pays intelligent comme le nôtre, on ne doit pas rester en arrière. Cette petite flatterie, qui cependant est plutôt ici une vérité, nous pose devant l'opinion et quand, 3 jours avant la fête, le troisième dimanche de novembre 1905, nous envoyons les invitations, dans toutes les familles, pour la fête du jeudi, à toutes les petites filles qui vont en classe et pour les fillettes jusqu'à 18 ans révolus, tout le monde est content. 60 fillettes de tous rangs et de tout âge viennent à la messe et au goûter de Sté-Catherine ; 25 apportent leurs bulletins d'adhesion, envoyés en même temps que les invitations et cette fois signés des parents avec les dates de naissances.

« Ce fut un beau jour pour notre comité : c'était déjà la récompense des premiers efforts. Toutes les enfants du pays étaient là ; les parents eux-mêmes sans distinction de partis, étaient conquis par la joie de leurs enfants ; toutes ces fillettes en habits de fêtes, parcourant le pays pour se réunir, donnaient au coquet village un air heureux.

« Ces joyeuses figures d'enfants autour de ces tables chargées de gâteries dont chaque dame du comité avaient fourni une part, nous avaient ravies.

« Depuis deux ans déjà, à la fête des petites filles, nous avons ajouté celle des petits garçons : St-Nicolas. En 1907, 78 sont venus à la messe et au goûter présidé par M. le curé, quelques conseillers municipaux et notre président.

« Les six dames professeurs servent les enfants ; à chacune de leurs fêtes respectives, fillettes et garçons chantent et disent des fables, et le soir on part ravi en se donnant rendez-vous pour l'année suivante.

« Aussitôt la Sté-Catherine passée, nous commençons nos cours. Chacune de ces dames du comité s'est chargée de la branche qui convient le mieux à ces aptitudes et comme toutes, en plus de leur grande bonne volonté, sont maîtresses de maison très entendues, nos enfants apprendront sans aucun frais à devenir des ménagères économes et adroites. »

II. Programme

« Voici le programme des cours :

1er mardi du mois, cours de cuisine.
2e mardi — cours de couture.
3e mardi — cours de repassage.
4e mardi — cours de nettoyage du local.

« Quand le mois contient un cinquième mardi nous l'utilisons pour apprendre à nos élèves les soins à donner aux malades, les mille petites attentions, l'hygiène toujours nécessaire autour d'eux, la manière de changer le malade sans le fatiguer et de le tenir propre sans gâcher trop le linge ; nous leur indiquons surtout la manière de s'y prendre pour venir moralement en aide au malade et l'amener doucement à recevoir la visite du prêtre même s'il avait vécu hostile.

« Tous les jeudis nous avons le petit cours préparatoire pour les enfants qui suivent encore les classes ; nous leur enseignons les premiers éléments de la couture et du tricot. Quand le temps le permet nous les conduisons en promenade.

« Tous les dimanches avant les vêpres, pendant 1/2 heure, nous faisons un petit cours d'instruction religieuse et de temps en temps un cours de morale pratique. Les enfants sont ce jour-là conduites à l'église par une des dames du comité, elles sont rangées sur deux rangs comme un pensionnat et font plaisir à voir par leur bonne tenue.

III. Budget

RECETTES

4 dames fondatrices, cotisation 50 fr. par an. .	200 fr.
20 membres honoraires, cotisation : 10 fr. . .	200 fr.
	400 fr.

DÉPENSES

12 cours de cuisine à 2 fr. 50	30 fr.
Charbon pour repassage.	10 fr.
Fournitures pour la couture.	15 fr.
Cahiers et livres.	30 fr.
Jeux nouveaux.	20 fr.
Retraite de première communion, dîner et goûter pendant trois jours.	50 fr.
Petit voyage de vacances.	30 fr.
Bois de chauffage.	15 fr.
	200 fr.

« La lumière est fournie par la présidente.

« Il nous reste donc 200 fr. qui sont placés au nom de la directrice pour les besoins de l'avenir. Ce qui restera après les primes données aux enfants sera employé cette année à l'œuvre de la bonne presse.

IV. Difficultés générales se retrouvant dans tous les pays.

« Pendant les deux premières années, notre œuvre nous donna beaucoup de soucis et quelques déceptions.

« De grandes jeunes filles étaient venues, attirées par la nouveauté et par l'enseignement pratique gratuit ; mais plusieurs nous quittèrent, et nous dûmes demander à quelques-unes de ne plus revenir.

« Ici nous signalons aux personnes qui désireraient créer cette œuvre si intéressante, un écueil grave à éviter, surtout dans une paroisse peu étendue où tout le monde se connaît : c'est dans la manière à employer pour renvoyer une enfant. Quand notre directrice, bien à regret, est obligée d'en arriver à l'expulsion, après plusieurs avertissements à l'enfant, elle s'adresse elle-même aux parents et avec tout le tact dont elle se sent capable, elle leur dit son regret de ne pouvoir, malgré son grand désir, garder l'enfant plus longtemps ; leur demandant de ne plus l'envoyer au cours, pour lui éviter un renvoi public et ne pas nuire à sa réputation. Dans les rencontres inévitables, dans un village surtout, toutes les dames du comité s'astreignent à parler aux enfants renvoyées ainsi qu'à leurs parents, avec autant de bonté que si les relations n'étaient pas rompues entre elles. Cette délicate manière d'agir a conservé au comité l'estime des parents, qui regrettent souvent de n'avoir pas compris plus tôt. L'œuvre jouit ainsi de la considération générale et c'est un grand point pour l'avenir.

« Une autre difficulté, non moins grande, c'est d'obtenir non pas la sympathie, mais la neutralité des institutrices communales. Les ennuis viendraient de ce côté, qu'il ne faudrait pas que les enfants en aient même le soupçon. Ici nous ne permettons aucun rapport ni de la classe, ni des maîtresses (¹), recommandant à nos enfants d'être partout de bonnes et dociles élèves.

---

(1) Il va sans dire que si une institutrice venait à blesser la foi de nos enfants, celles-ci devraient nous en avertir.

V. Résultats

« Nous qui connaissons bien notre pays, nous les sentons profonds, réels, mais complexes et difficiles à préciser.

« Le premier et, à notre avis, le meilleur : c'est l'excellente tenue des enfants à l'église ; la communion mensuelle du groupe le 1er vendredi de chaque mois ; l'assistance très régulière aux offices du dimanche, messe et vêpres ; l'assistance non imposée, mais nombreuse à la messe de tous les jours. Un autre précieux résultat est l'excellente retraite de première communion : grâce au budget et au local de l'école ménagère, nous pouvons garder les enfants pendant toute la retraite de 8 h. du matin à 6 h. du soir.

« Ce sont les plus grandes élèves de 15 à 16 ans qui font la cuisine sans l'aide d'aucun professeur, car toutes ces dames, dont c'est la grande semaine, gardent les enfants et entre les exercices, les préparent au grand jour.

« Toutes les communiantes, même les rares enfants du pays qui ne suivent pas nos cours prennent ensemble le repas de midi et le goûter pendant les jours de la retraite.

« Les dames du comité partagent le repas tout en surveillant.

« Cette année nous avions 20 communiantes et renouvelantes, toutes sages comme des anges. Puisse Notre-Dame de Lourdes les garder toujours !

« Les deux fêtes annuelles des enfants, présidées par M. le curé et quelques personnes honorables du pays, mettent une note d'apaisement dans le village et nous donnent de l'espoir pour l'avenir social de notre pays.

« Voyant réussir l'œuvre, la seconde année les membres honoraires furent plus nombreux et comme en même temps que nos ressources augmentaient, nos dépenses étaient réduites au minimum, notre matériel était au complet, dans la réunion du comité le 15 décembre 1906, nous décidions de créer une caisse dotale pour les enfants qui suivent nos cours.

« Leurs petites économies réunies n'ont encore abouti qu'à placer une somme de 100 fr., mais en grandissant, elles gagneront elles-mêmes quelque chose et deviendront économes : nous nous promettons d'y veiller.

« Autre point de vue. À la campagne le jour dangereux pour les habitudes morales de la jeunesse est le dimanche. Pendant une partie de l'été, se succèdent les fêtes patronales des villa-

ges environnants, attirant les jeunes filles qui là, sans le con-
trôle des parents qui, la plupart ne se dérangeant pas pour les
accompagner, courent un véritable danger, un danger immédiat. Nous le défendons à nos fillettes sous peine de renvoi. Au
début nous avons eu des défections à déplorer, mais cette année,
pas une seule enfant n'a manqué son dimanche. Quand une fête
de famille nécessite la présence de l'enfant, nous exigeons un
billet de la mère qui s'y soumet volontiers.

« Un autre danger qui celui-ci regarde l'avenir c'est cette
tendance des enfants des campagnes à aller habiter la ville.
Pour les pauvres, trouver une place en ville est la grande
affaire. Pour toutes, même les plus fortunées, épouser n'importe qui, pourvu qu'on aille habiter la ville, est le rêve qui do-
mine tout.

« Pour éloigner autant qu'il dépend de nous ces tendances
malsaines, nous profitons de nos promenades du dimanche pour
leur faire admirer les beautés naturelles du pays. La moitié des
campagnards passent leur vie devant les plus beaux sites sans
les voir. Voulant nos enfants moins terre à terre, nous nous
efforçons de développer en elles le sentiment du beau, leur appre-
nant peu à peu à jouir de la campagne, de ses délicieux matins,
de ses splendides couchers de soleil ; s'attachant ainsi au pays,
il leur sera plus pénible de le quitter.

« Il semble peut-être que toute cette poésie des choses soit en
dehors de mentalité des fillettes. C'est une erreur. Une d'entre
elles nous disait dernièrement en revenant d'une de nos intéressantes promenades du dimanche : « Mesdames, à présent que je
comprends, j'aime mieux vivre ». On pourra nous dire que c'est
enfantin ; nous, nous trouvons cette pensée profonde.

« Pour accentuer encore cette conviction qu'avec un peu de
bonne volonté, on peut se créer du bien-être à la campagne,
nous avons imaginé de leur faire copier des espèces de budgets
comparés. Entendre expliquer quelque chose ne suffit pas, mais
l'écrire et l'expliquer soi-même, la fixe mieux dans l'esprit.

« Voici à peu près le sens de ces petites études auxquelles
d'habitude, nous consacrons une demi heure chaque dimanche
pour les fillettes de grand cours.

La vie à la ville

« Un jeune ménage s'installe en ville. Les loyers sont très

chers et les logements peu commodes. Ici il faut tout acheter ; on n'a ni parents ni amis.

« Le chômage est fréquent ; le patron qui ne vous connaît pas est exigeant ; les occasions de débauches nombreuses.

« Si la jeune femme est courageuse et qu'elle veuille travailler, elle trouvera difficilement un travail peu payé et pour le faire, elle négligera son petit ménage, son mari, ses enfants. Le surmenage arrivera, car à la ville, l'air est malsain. l'avenir incertain. Si l'on est resté sage, on souffrira avec dignité et en silence, mais si au contraire on a laissé le bon Dieu de coté, on ira grossir l'armée des miséreux et des révoltés. La vieillesse arrivera précoce ; au milieu de tous ses soucis, l'âme déracinée de son milieu natal sain et fort sera souvent troublée par la vue du luxe et des plaisirs que la bourse autant que le devoir lui défendent.

La vie à la campagne.

« On est logé plus largement, moins cher, souvent chez soi. Chacun a un jardin, un champ ; on n'achète jamais de légumes, et pour peu que la jeune ménagère soit courageuse et adroite, elle aura une basse-cour, des lapins, une chèvre pour avoir du bon lait afin de pouvoir élever une petite famille sainement et facilement.

« Avec toutes ces ressources, ayant appris à l'école ménagère à faire de la bonne cuisine avec économe, on invitera de temps en temps les parents et les amis et tout en étant très heureux, on pourra avec le gain du mari, amasser un petit pécule pour la vieillesse qui viendra tard ici, car l'air est pur, la nourriture saine ; et surtout, ayant le temps et la facilité d'accomplir ses devoirs religieux, les âmes seront en paix.

VI. Expérience et Méthode.

« Une excellente méthode dont nous avons fait l'expérience et que nous conseillons aux ligueuses qui désireraient créer une œuvre pareille consiste à faire bien comprendre aux enfants que l'autorité de ces dames et surtout de la directrice est indiscutable et leur fermeté inébranlable. Cette idée sera la sauvegarde de la discipline mais à la condition que ce principe d'autorité soit uni à une bonté sans bornes. Aimer vraiment les enfants et ne pas craindre de le leur dire, ces deux principes forment, à notre avis, le meilleur moyen d'obtenir affection, confiance et respect. Nos enfants nous obéissent avec joie, car petites et grandes sont convaincues que c'est uniquement pour leur bien que nous quittons à tour de rôle nos occupations, nos familles, pour leur apprendre à devenir des femmes courageuses, adroites à tous les travaux féminins et surtout chrétiennes ardentes. Elle sont si sûres de notre affection, que cet été, à un des petits repas que nous prenons ensemble au cours de cuisine, une des plus grandes dit à sa voisine de passer le plat de dessert aux dames ; l'autre plus jeune dit tout de suite : « Ce ne sont pas des dames, mais des mamans». Toutes les autres de frapper aussitôt dans leurs mains et pour fêter cette vérité si naïvement exprimée, tout le monde finit par s'embrasser. A notre humble avis, tous les diplômes connus ne peuvent arriver à un meilleur résultat. Cette union d'âme que nous n'aurions jamais osé rêver si complète est pour nous une récompense bien au-dessus des peines endurées et de la gêne que nous imposent toutes les heures que nous passons à développer la foi et l'intelligence de nos enfants.

« Notre local de l'école ménagère étant libre le soir nous sert pour les réunions mensuelles de la Ligue ; les bancs des enfants servent cette fois pour les mères et personne ne s'en plaint. Les exercices restant souvent au tableau les mamans peuvent se rendre compte par elles-mêmes comme les devoirs imposés aux fillettes sont simples et pratiques. Ce sont les plus grandes de nos enfants, déjà ligueuses, qui distribuent les Échos ; ce sont elles aussi qui préviennent pour les réunions. Afin de les récompenser de leurs essais d'apostolat nous leur donnerons cette année l'insigne « la marguerite » et avec l'aide de Dieu nous en ferons des ligueuses d'élite qui continueront après nous l'apostolat toujours nécessaire.

« Nous n'avons pas la prétention d'être mises en parallèle avec d'autres personnes faisant la même chose plus scientifiquement ni d'avoir créé l'école ménagère-modèle, non ! nous tachons simplement d'élever nos fillettes pour qu'elles deviennent des femmes de devoir. Nous sommes cependant persuadées que si dans toutes nos paroisses françaises, nos ligueuses créaient des écoles ménagères populaires et gratuites, en suivant cette méthode, l'influence des écoles sans Dieu serait moins à craindre pour la mentalité des futures mères de famille, fondements de la société.

« Quatorze fillettes de 13 à 16 ans, suivent nos grands cours ;

26 allant encore en classe suivent le cours préparatoire du jeudi et les réunions du dimanche.

« Les parent sont donc compris notre œuvre puisque sur une population de 800 habitants, 40 enfants sont inscrites sur nos registres et surtout assistent très régulièrement aux offices de la paroisse.

« Nous attendons, sans nous troubler, les épreuves inévitables, car nous savons par expérience qu'elles sont le pain quotidien des œuvres.

« Et souvent, toutes ensemble, nous remercions Dieu de nous permettre de travailler à faire arriver son règne dans notre Patrie bien-aimée ».

DEUXIÈME JOURNÉE
Séance du Matin

La première séance de la deuxième journée fut entièrement consacrée à la presse.

(a). Diffusion de la presse dans l'arrondissement d'Avallon.

Voici les passages essentiels du rapport présenté par Mlle Gagnard :

« Aider dans son action le Comité local de *la Croix*, multiplier les abonnements directs ou l'envoi des journaux lus, remplacer le journal antireligieux par celui qui défend la cause de Dieu et de la Patrie, voilà la tâche que nous avons entreprise et que nous poursuivons, fortifiées par les encouragements du souverain Pontife et de nos évêques, heureuses de seconder nos prêtres dans la lutte contre les lectures démoralisatrices qui font tant de mal à notre époque.

« Au début, pour répondre à l'envoi gratuit des mauvais journaux qui se fait dans nos villages, tous nos abonnements étaient gratuits. Mais notre propagande augmentant beaucoup plus que nos ressources, nous nous efforçons maintenant d'obtenir des abonnements payants ou à prix réduit. Les petits paquets de cinq numéros au minimum si généreusement accordés par *la Croix* nous permettant de multiplier ces abonnements et le zèle de nos dizainières qui se font les distributrices du journal, supprime la question embarrassante et onéreuse du porteur. A L., par exemple, la gare est très éloignée de la ville, le transport journalier d'un colis postal aurait occasionné des frais relativement considérables et le dévoué pasteur de la paroisse avait dû renoncer pour cette raison à une propagande qu'il souhaitait vivement. La difficulté proposée à une réunion mensuelle fut vite résolue, quatre Ligueuses s'offrirent à recevoir le journal par petits paquets de cinq, six et sept numéros et à le distribuer dans leurs quartiers. L., qui n'avait que quelques rares abonnés à *la Croix* en compte maintenant 23 en plus. A M., E., S., la distribution se fait de même par les Ligueuses ; à A. et à B. ce sont Messieurs les Curés qui se chargent de ce soin. Nous avons ainsi obtenu, depuis le mois d'octobre dernier, 52 abonnements à la Croix quotidienne.

« C'est aussi en faisant appel au dévouement de nos correspondantes et de nos dizainières que nous avons pu augmenter ou organiser la vente de *la Croix* du *Laboureur* et du *Pèlerin* dans plusieurs communes. A Q., notre Comité admirablement dirigé par M. le Doyen, s'emploie activement à cette propagande et en quelques mois le nombre des abonnements est monté de 25 à 80. B., village voisin recevait seulement deux *Croix* avant la fondation de la Ligue, il en a maintenant 47 et à la réunion des adhérentes, M. le Curé nous disait sa reconnaissance envers notre Association qui lui a permis d'organiser et de maintenir dans sa paroisse la diffusion des bonnes lectures. Q. et B., communes morvandelles, groupent autour d'elles de nombreux hameaux dont plusieurs sont fort éloignés de l'église. Nos adhérentes, après la messe du dimanche, emportent pour elles et pour leurs voisins le bon journal qui sera la joie de tous, la saine et fortifiante distraction du jour de repos. Une Ligueuse de Q. a trouvé à elle seule dix abonnements, une autre à B. en a obtenu 15. A V., *la Croix* et *le Pèlerin* ne pénétraient pas. Notre correspondante, par des visites à domicile, a obtenu 30 abonnements. La distribution est faite par deux gentilles fillettes de 12 à 14 ans auxquelles nous avons fait délivrer des brevets de camelot et que nous avons autorisées, malgré leur jeune âge et avec l'assentiment du Comité Central, à porter la Marguerite, faveur dont elles se montrent très fières. Dans ces différents villages, nous avons eu la joie d'augmenter de 130 le nombre des *Croix* et des *Pèlerins*, qui sont répandus chaque dimanche en Avallonnais. Pendant l'hiver nous avons envoyé tant en abonnements directs qu'en journaux lus, feuilles du département ou de Paris, jusqu'à 8.000 journaux par mois. C'est peu en comparaison de ce qu'il faudrait faire et nous venons d'éprouver l'insuffisance de notre effort. Tout dernièrement un député anti-religieux a été élu dans notre arrondissement et son succès est dû en grande partie, nous en sommes convaincus, à un journal lui appartenant et qu'il a envoyé pendant la période électorale à tous les électeurs.

« Nous ne nous décourageons pas, cependant. Le maître que nous servons nous demande le travail, c'est Lui qui donne le succès quand Il veut, et nous avons la certitude de faire du bien au moins à quelques âmes puisque 17 familles ont abandonné la feuille antireligieuse et immorale qui chaque jour leur apportait son poison.

« Un brave maréchal-ferrant recevait un journal peu recommandable. Sa femme, devenue ligueuse, voulut avoir la *Croix* pour elle. Le mari la lisait aussi et même la réclamait quand il ne la voyait pas : où donc est *ton* journal — au bout de peu de temps le journal de sa femme est devenu le sien, il n'en lit plus d'autre.

« Une de nos adhérentes recevait un très mauvais journal, sa dizainière l'en reprit vivement. — Quand on est ligueuse on ne lit pas de pareilles horreurs. Je vous passerai mon journal si vous consentez à laisser le vôtre. — Ainsi fut fait, et notre adhérente qui avait abandonné la Sainte Table depuis longtemps s'en est approchée aux dernières fêtes de Pâques.

« Plus doucement, une autre dizainière s'adresse à l'un de ses voisins, — Un homme comme vous, de si bonne famille, comment pouvez vous recevoir une telle feuille. Vous ne pensez donc pas au mal qu'elle peut faire à vos enfants. En souvenir de vos parents vous ne devriez pas faire cela. Ne renouvelez pas votre abonnement et je vous procurerai le journal qu'ils lisaient. — L'offre fut acceptée et notre nouvel abonné est enchanté de son journal.

« Nous devons l'avouer, ces résultats sont peu considérables, notre action est presque imperceptible. Imperceptible aussi est l'action de la goutte d'eau sur le granit de notre Morvan et pourtant, là où elle tombe chaque jour avec une persévérance inlassable, elle creuse le dur rocher et le purifie. Que Dieu veuille bénir notre humble propagande et les 8000 journaux répandus chaque mois dans les 47 communes avalonnaises où la Ligue est fondée, auront aussi leur action lente, mais efficace.

« A la propagande des journaux, nous ajoutons la distribution des Almanachs. Nous en avons distribué pour l'année 1909 deux mille cent quarante trois.

« Afin d'augmenter notre propagande, de combattre plus efficacement les mauvaises lectures et de multiplier les rapports entre nos adhérentes et nous, nous avons fondé une bibliothèque roulante dont le succès dépasse nos espérances. Depuis sa fondation, au mois de septembre 1907, nous avons prêté 1970 volumes et un grand nombre de Revues : *Correspondant*, *Mois Pittoresque*, *Veillées des Chaumières*, *Ouvrier*, etc. Beaucoup de ces livres et de ces revues ont été lus par plusieurs personnes. L'envoi des volumes, leur entretien, l'inscription exacte des livres prêtés et rendus, donne bien du travail à notre dévouée secrétaire, mais elle est dédommagée de sa peine par le fécond apostolat qu'elle a occasion d'exercer près de toute une catégorie de lectrices : enfants des écoles, jeunes ouvrières d'atelier ou de fabrique, adhérentes des villages auxquelles elle donne, en même temps que le bon livre, la parole qui encourage et réconforte, la réponse à certaines objections sur des questions religieuses ou sociales, le témoignage de sympathie qui entretient entre les ligueuses la bonne et franche cordialité. »

(b) *La vente des bons journaux à Roanne*

Mᵐᵉ Vadon, présidente du comité de Roanne, amenait à Paray-le-Monial, le second jour du Congrès, 750 ligueuses. A Roanne, quatre sections se partagent le travail de la Ligue : la section de la Presse, celle du Secrétariat du peuple, celle de l'Ecole Ménagère, celle de l'Echo.

L'intéressant rapport roannais exposait l'utilité de ces différentes sections. Voici le principal passage sur la presse :

« Notre plus beau résultat est assurément celui de la Presse, attendu que nous avons augmenté, d'une façon considérable, notre vente de bons journaux quotidiens. Pour cela, nous avons 2 vendeurs spécialement attachés à notre service, et qui vivent uniquement (aujourd'hui) par le centime 1/2 ou les 2 centimes, qu'ils gagnent sur chaque journal vendu. Nos vendeurs arrivent ainsi à se faire de 3,25 à 3,50 par jour, c'est-à-dire de 105 à 110 fr. par mois. Et afin d'encourager nos adhérentes à prendre leur journal, aux vendeurs de la Ligue, nous leur donnons à chacune, dans ce cas là, une prime de 1,50 en articles pour leur ménage, *tous les six mois*, ce qui diminue d'autant leur abonnement.

« Au début de cette organisation, nos vendeurs vendaient 7.311 journaux par mois ; aujourd'hui ils en vendent 13,050. Ce qui fait donc une augmentation de 5.619 bons journaux, par mois, de plus, vendus à Roanne. Malgré tout, Mesdames, pendant ce temps-là, on ne lit pas ceux de la F∴ M∴ !

« Mais je dois vous dire, que tant que nos vendeurs n'ont pas pu vivre de leur propre vente, nous ajoutions, chaque mois, au gain de chacun d'eux ce qui manquait pour atteindre la somme de 100 francs ».

(c). *Rapport sur la presse quotidienne en Saône-et-Loire*

« Il y a longtemps que les mauvaises lectures font du mal. Saint-Paul déjà s'élevait contre elles. A la suite de ses prédications, « un certain nombre d'habitants d'Ephèse, nous racontent les actes des Apôtres, ayant apporté leurs livres, les brûlèrent devant tout le monde : on estima leur valeur et trouva qu'elle montait à cinquante mille pièces d'argent (environ 45.000 fr.). » Dans la lutte contre le fléau de la mauvaise presse, il nous faudra retrouver la généreuse ardeur des premiers chrétiens.

« Chaque jour un flot immense d'erreurs, de préjugés, d'immoralités vient battre, déformer, désagréger l'âme populaire. M. le chanoine Mury, directeur des Œuvres du diocèse d'Autun, a entrepris, cette année même, l'établissement d'une statistique de la presse dans le département de Saône-et-Loire. Les résultats partiels de son enquête éclairent d'un jour très vif l'étendue du mal.

« Voici une commune du Mâconnais (700 habitants) dans laquelle se vendent chaque jour 64 *Progrès*, 27 *Lyon républicain*, 17 *Union républicaine*, 11 *Matin*, 3 *Journal*, 5 *Petit Parisien*, 2 *Action*, — puis 3 *Petit Journal*, — puis 1 *Libre-Parole*, 1 *Nouvelliste*, 3 *Express*, — c'est-a-dire 129 journaux *hostiles*, 3 *neutres*, et 5 *favorables*, 1 *bon* journal contre 26 *mauvais* (¹). Dans une commune voisine de 900 habitants, ce sont 110 journaux *hostiles*, 5 *neutres*, 0 *favorables*, 1 *bon* journal contre 12 *mauvais*.

---

(1) Cette commune n'offre pas la proportion la plus mauvaise. Son exemple a été choisi parce que la statistique y a été dressée avec une grande exactitude. Il est juste d'ajouter que 45 Croix de Saône-et-Loire y sont vendues chaque dimanche

« A M. (550 hab.), 7 journaux *catholiques*, 32 *hostiles* : 1 contre 4. — L., petit chef-lieu de canton du Morvan lit chaque jour 50 *bons* journaux et près de 60 *mauvais*. — C., petite commune de la Bresse, achète 5 *mauvais* journaux et 22 *bons*, dont 20 numéros de l'*Express de Saône-et-Loire*. Quelle est la lecture d'une petite ville comme N., (4.500 hab.) ? voici les chiffres de la vente au numéro : 265 *Petit Parisien*, 130 *Lyon Républicain*, 75 *Progrès*. — puis 250 *Petit Journal*, — puis 70 *Nouvelliste*, 45 *Croix*, 16 *Express*, 15 *Dépêche de Lyon*.

« A A., (14.000 hab.), ce sont 380 journaux *catholiques* contre 1500 *mauvais* journaux, 1 contre 4. Dans une ville plus importante, à C., se vendent chaque jour 5.000 *Petit Parisien*, 2.500 *Journal*, 1.000 *Matin*, 500 *Petit Journal*, 1.100 *Nouvelliste ou Express*.

« Les réponses au questionnaire de M. le chanoine Mury continuent à arriver chaque jour. Un premier dépouillement a permis de totaliser les réponses de 128 paroisses (il y en a 532 dans le diocèse). Voici les résultats : 2.550 journaux *catholiques*, 3.800 journaux *sympathiques*, 3.800 *neutres*, 16.850 *hostiles*. Pour plusieurs raisons qu'il serait trop long d'exposer ici, il y a lieu d'annuler les journaux sympathiques et les journaux neutres ; dès lors 2.550 quotidiens qui nous défendent sont en présence de 16.850 quotidiens qui nous attaquent. Si nous supposons la proportion constante dans l'ensemble du diocèse, 10.200 journaux *catholiques* et 67.500 journaux *hostiles* l'inondent chaque jour. Les chiffres de beaucoup de centres importants comme Mâcon, Le Creusot, Montceau-les-Mines et une partie de Chalon n'étant point intervenus dans cette évaluation, il est probable qu'il faut un peu forcer les totaux, et l'on doit être près de l'exactitude en adoptant les chiffres suivants, assez bien confirmés par les données sur les tirages et les dépôts des différents quotidiens : 12.000 *bons* journaux 80.000 *mauvais*, 1 contre 6 ou 7 ([1]).

---

[1] A première vue cette proportion semble plus mauvaise que la proportion de 1 à 5 admise assez généralement pour l'ensemble de la France, et citée par M. Lacoin, vice-résident de l'A. C. J. F., dans son discours de clôture du congrès. Mais il est à remarquer qu'il suffirait pour l'améliorer beaucoup de compter avec les journaux catholiques les journaux sympathiques. Le chiffre de 3.800 journaux sympathiques ne saurait être pourtant multiplié par 5 comme les autres, parce qu'il est formé en très grande partie de l'appoint d'un quotidien local répandu dans une région restreinte du département et compté pour une part importante de son tirage dans la statistique partielle. En admettant le chiffre de 6 ou 8.000 journaux sympathiques, le nombre des journaux favorables s'élève à 18 ou 20.000 et la proportion devient : 1 contre 4 ou 4 1/2.

« Pour le dire en passant, les hebdomadaires catholiques sont en meilleure posture ; on peut estimer que leur vente égale celle des mauvais ; elle la dépasse même légèrement dans le Charolais, grâce au vaillant *Réveil du Charolais et du Brionnais*.

« Il y a dans le département de Saône-et-Loire 12.000 acheteurs de bons journaux, n'y a-t-il donc que 12.000 électeurs libéraux ? Il n'en est rien : 45 à 50.000 électeurs votent avec l'opposition ; 72.000 ont signé la pétition contre la loi de la séparation. En supposant que 25.000 d'entre eux lisent des journaux neutres ou sympathiques, il reste que 10.000 soutiennent de leur sou quotidien les feuilles contraires à leurs idées et s'empoisonnent lentement. On a signalé souvent ce phénomène navrant de l'achat et de la lecture des mauvais journaux par ceux que l'on peut appeler les braves gens.

« Comment, s'écrie Mgr Delamaire dans une lettre pastorale sur les devoirs des catholiques à l'égard de la presse, voici un chef de famille qui, dans le sentiment de la responsabilité qui pèse sur lui, ne voudrait à aucun prix recevoir dans sa maison tel personnage perdu de mœurs et de réputation, et qui, par le choix imprudent d'un journal, se donne à lui-même et aux siens, pour conseiller et inspirateur, je ne sais quel écrivain de hasard, je ne sais quel fruit sec de toute carrière honorable, ou (ce qui est pire encore) je ne sais quel spéculateur cynique pour lequel les idées et les hommes ne sont que des marchandises valant tout juste ce qu'elles rapportent. N'est-ce pas incompréhensible?

« Beaucoup de ces braves gens ne sont pas renseignés et achètent leur journal au hasard. Un cultivateur du Mâconnais s'étonne et se réjouit, à la lecture du *Nouvelliste*, de découvrir une feuille n'attaquant point la religion et les prêtres.

« Les jours de foire ou de marché de Charolles, écrit M. le curé de M. G., les femmes achètent le journal bon ou mauvais, plutôt mauvais, qu'on leur offre.

« D'autres sont inconscients. Une femme du Creusot, femme honnête et sans doute pratiquante, puisqu'on l'a choisie entre beaucoup pour une tentative de propagande, déclare qu'elle « ne pourrait vivre sans son cher *Petit Parisien* », et que, du reste, ses feuilletons sont si inoffensifs « qu'ils peuvent être lus par une sœur ».

« D'autres savent que leur visiteur quotidien ne vaut pas cher, mais (et c'est là leur excuse) ils ne s'aperçoivent pas qu'il leur fait du mal. Deux pères de famille des environs de Mâcon abandonnent le *Lyon Républicain* pour s'abonner à l'*Express*, le jour où leurs filles quittent le pensionnat, leurs études terminées, pour rentrer à la maison paternelle. Une ligueuse zélée, de Mâcon, engage sa voisine à renoncer au *Progrès*, souvent laissé sur la table à la portée des yeux de sa fillette qui commence à grandir et dont la curiosité fureteuse s'éveille. « Si on la prenait à le lire, répond la mère, on la fouetterait ».

« La vue de la négligence et de l'ignorance de tant de braves gens ne doit pas être seulement une raison de tristesse, mais aussi un motif d'encouragement. S'il s'agissait en effet de conquérir à la bonne presse des adversaires sectaires ou impies, la tâche pourrait effrayer ; mais il s'agit de conquérir d'abord des amis, des parents, soi-même peut-être : c'est là une œuvre de patience, de persévérance qui intimiderait seulement les indolents incorrigibles (¹).

« Il y a bien des manières d'offrir le bon journal. Il y a l'offre purement passive du dépôt ordinaire, où la feuille honnête, un peu gênée, honteuse presque, occupe sa petite place auprès de tant de voisines insolentes ou équivoques ; il y a l'offre active, insistante, qui attaque un individu et le presse de mille raisons jusqu'à ce qu'il soit conquis. Entre l'une et l'autre, cent méthodes intermédiaires sont à employer.

« Malgré la promiscuité du milieu, il importe que le bon journal ait sa place dans les kiosques, bureaux de tabac, bibliothèques de gare, et aussi qu'il soit crié et vendu dans les foires et dans les marchés. Beaucoup achètent au hasard : il faut qu'un heureux hasard puisse conduire quelquefois leurs mains sur lui. Il faut aussi que d'autres plus éclairés le trouvent sans peine.

« Le désir de mettre des journaux catholiques bien en vue et de les offrir à la lecture dans une atmosphère attrayante a conduit à installer des salles de lecture. Depuis quelques mois un de ces asiles silencieux et tièdes est ouvert à Autun ; de généreux actionnaires (parmi lesquels le comité de la Ligue patriotique) ont fourni la somme (1.500 fr.) nécessaire à l'installation ; ils toucheront des intérêts... lorsque viendront les

---

(1) Il faut, bien entendu, s'attacher à conquérir non seulement les lecteurs des journaux mauvais, mais encore les lecteurs des journaux neutres qui les affadissent et les endorment. Ajoutons que la moralité des feuilletons des journaux qui veulent rester neutres en religion est à surveiller.

bénéfices. Les ressources proviennent des affiches réclames, de la vente de menus objets de papeterie, d'un service de commission de librairie, du colportage à domicile et de la vente au numéro des journaux. L'ensemble de ces services a pris le nom de *Presse-Agence.* Un budget de 3.000 francs est prévu. L'entreprise est encore trop voisine de ses débuts pour que les résultats apparaissent nettement ; on remarque néanmoins déjà une augmentation sensible de la vente des bons journaux et des bons livres.

« Tous les électeurs ne vont pas s'asseoir dans la salle de lecture ; tous au contraire passent chez le coiffeur et dans les cafés. Il faut donc mettre là, à leur portée, la tentation, la bonne tentation.

« Plusieurs comités de la Ligue patriotique fournissent des abonnements gratuits dans ce but. Quelque temps peut être la bande restera intacte, qui a conduit le bon visiteur ; mais un jour ou l'autre, elle tombera. Le patron d'un petit restaurant de Mâcon recevait la visite de l'*Express* ; il se met à le parcourir, et, comme il n'est que de le connaître pour l'apprécier, il en vient vite à le lire ; une séance dramatique à l'œuvre de jeunesse y est un jour annoncée ; il conduit sa petite famille au spectacle et s'y amuse : c'est une découverte ; depuis lors ses deux petits garçons sont deux fidèles du patronage.

« Il est agréable de trouver facilement le journal auquel on est attaché ; il est plus commode encore de le voir arriver chez soi. Les abonnés par la poste sont une faible exception ; la vente à domicile est en général l'œuvre des colporteurs. Le colportage est le moyen ordinaire de diffusion des journaux qui nous combattent ; il est fortement organisé dans la plus grande partie du département ; de Mâcon seulement, chaque matin,—29 hommes solides et entreprenants, agents de la mauvaise presse, se dispersent dans toutes les directions.

« Est-il possible, dès maintenant, à la presse catholique de lutter avec les mêmes armes ?

« Le colporteur gagne 1 centime 1/2 sur la vente de chaque journal ; il doit donc vendre 300 quotidiens pour gagner 4 fr. 50 par jour. C'est un chiffre qui peut être atteint et dépassé en ville, même par les organes de la presse catholique ; au Creusot, deux colporteurs vivent aisément de la vente de la *Croix,* du *Nouvelliste* et de l'*Express.* Ce chiffre est atteint à la campagne dans une tournée normale de 30 kilomètres ; dans une région où les bons journaux sont répandus dans la proportion moyenne indiquée de 1 contre 6 mauvais, une tournée semblable permettra d'en distribuer 50. En supposant un succès extraordinaire dû à l'insistance du vendeur ou à des primes et doublant ce chiffre, le bénéfice sera de 1 fr. 50 seulement ; il faudra donc trouver chaque jour 2 fr. pour compléter le salaire : de là une dépense de 730 francs par an, que bien peu de comités de bonne presse sont en état de supporter. C'est ce qui explique l'échec de plusieurs tentatives dans le département.

« Il est indispensable, pour organiser un colportage avec des chances sérieuses de réussite, de choisir son terrain et de le préparer. Choisir son terrain, c'est ici s'assurer que la région à conquérir peut fournir des lecteurs nombreux aux bons journaux, soit que le colportage adverse n'y ait pas été fortement organisé, soit que l'habitude du quotidien n'y soit pas encore implantée, soit que l'esprit de la population se trouve être particulièrement bon. Commencer alors immédiatement la vente au numéro, c'est s'exposer à un échec presque certain. « L'achat au numéro, comme le dit M. de Reboul, dans un travail sur le colportage dans l'Arrondissement de Mâcon, dont je me suis largement inspiré, laisse au lecteur la possibilité de lâcher son journal le premier jour où il se sera réveillé de mauvaise humeur ; et ainsi chaque jour se renouvelle pour lui la tentation de céder aux railleries du voisin, aux sollicitations du vendeur adverse ».

« Cette tentation renforcée du respect humain est bien forte. A S., sur 30 lecteurs conquis au début par la vente au numéro, 6 seulement ont résisté. C'est pourquoi une préparation du terrain s'impose : elle consiste essentiellement à retenir les lecteurs par l'abonnement, et par conséquent à créer d'abord dans chaque village, dans chaque hameau de petits noyaux d'abonnés : eux, du moins, n'abandonneront pas le journal qu'ils auront payé. Ils sont comme les pilotis qui consolident une terre mouvante : en s'appuyant sur eux, on pourra établir d'une manière raisonnable l'organisation d'un colportage. C'est en se ralliant à cette méthode que M. l'Abbé F., vicaire de M., a pu tenter l'essai non sans succès : son colporteur sert *l'Express* à 50 abonnés magnifiquement conquis et à 80 acheteurs au numéro ; l'entreprise ne se suffit pas encore, mais elle se développe et peut espérer atteindre un budget équilibré.

« Cette grave question financière se trouve résolue pour le

bon journal qui a la bonne fortune de trouver des porteurs bénévoles. C'est ce qui arrive par exemple à F. et à G. Le village de G. se compose de quatre hameaux. Chaque matin, au sortir de l'école ou du cathéchisme, quatre gamins stimulés par quelques images ou bonbons et surtout par l'importance de leur fonction, portent dans ces hameaux quatre paquets ; ils les remettent aux jeunes gens du cercle d'étude qui sont « de semaine ». Ceux-ci font la distribution aux abonnés entre midi et une heure. La tournée de chacun d'eux ne dure pas une demie heure. Bien qu'il s'agisse d'abonnements à prix réduit (24 sous par mois), les dévoués porteurs ont pu réaliser l'année dernière un bénéfice de 50 fr. qui leur a permis la récompense très légitime d'un petit voyage... jusqu'en Suisse.

« Leurs efforts sont d'ailleurs couronnés de succès puisque la proportion antérieure de 40 mauvais journaux contre 12 bons est aujourd'hui renversée. (¹).

« On a pensé que l'offre du bon journal pouvait se faire plus pressante encore et le conduire non plus seulement timide jusqu'à la porte du lecteur, mais hardi, presque indiscret, jusque dans sa maison. De cette idée sont nés l'œuvre des journaux lus et les abonnements d'essai.

« Ephémère par essence, le bon journal conserve pourtant une certaine puissance de bien même lorsqu'il est vieux d'un jour : il peut encore distraire et instruire ceux qui ne sont pas trop avides des nouvelles de la dernière heure. Les comités de la Ligue patriotique d'Autun, de Louhans et de Mâcon fournissent des bandes timbrées et des adresses de lecteurs aux personnes qui veulent se charger d'envoyer chaque jour leur propre journal après l'avoir lu. C'est à Autun que l'œuvre est le plus développée et le plus sérieusement organisée ; chaque jour 110 à 120 journaux lus partent à de pacifiques conquêtes dans des villages du Morvan. C'est à peu près le chiffre atteint pendant l'année 1908 par l'œuvre semblable de M. le curé de St-Eusèbe, qui se charge même d'imprimer les adresses sur les bandes timbrées qu'il fournit.

---

(1) Les colporteurs bénévoles ou retribués sont plus faciles à trouver pour les hebdomadaires. A. C. ce sont des bouchers qui portent les paquets le samedi dans les différentes localités. Dans la plupart des villages on peut trouver une femme pauvre, heureuse d'employer son après midi du samedi à distribuer des journaux moyennant une modique rétribution proportionnée à la vente.

« Il est malheureusement difficile d'obtenir des expéditeurs une régularité parfaite ; or le lecteur ne s'attache point à un quotidien qui n'est pas ponctuel ; aux jours de manque il achète une feuille quelconque pour le remplacer et peut-être l'achètera-t-il bientôt chaque jour puisque cela ne lui impose pas double dépense. Néanmoins l'œuvre peut rendre des services en particulier chez les populations qui ne sont pas encore esclaves du besoin de nouvelles quotidiennes et toutes fraîches (¹). Les curés dont les paroissiens bénéficient des envois d'Autun signalent de bons résultats qui encouragent pleinement à les multiplier.

« Peut-être l'expédition temporaire, et par suite plus facilement régulière, de journaux lus, pourrait-elle servir à opérer des travaux d'approche comme les abonnements d'essai.

« Goutez et comparez », telle est à peu près la formule de l'abonnement d'essai.

« Le journal qui vient s'offrir gratuitement pendant quelques jours se fait aussi alléchant que possible : il commence un concours à primes merveilleuses ou un dramatique feuilleton, il est abondamment pourvu de nouvelles locales. Mais tous ces charmes en général ne suffisent pas, car il doit lutter contre une bien grande force : celle de l'habitude.

« Au Creusot, M. l'abbé C. entreprend d'organiser des abonnements d'essai. Pendant cinq jours, 50 numéros sont distribués sur la paroisse St-Henri : résultat nul ; pendant cinq jours, 100 numéros sont distribués sur la paroisse St-Laurent : résultat 35 abonnements. A St-Henri, la distribution a été faite simplement par les porteurs ordinaires aux adresses fournies par M. le curé. A St Laurent, on ne s'en est pas tenu là : de dévouées propagandistes, membres du Tiers-Ordre ou institutrices libres, sont allées dans toutes les maisons à la suite du journal et se sont efforcées par mille bonnes raisons de lui gagner, des lecteurs suivis, des abonnés.

« A vrai dire, ce résultat de 35 pour 100 est inespéré, et M. l'abbé C. peut être satisfait du nouvel essai qui a produit le chiffre très encourageant de 17 abonnements.

« On saisit sur le vif dans cette circonstance l'efficacité de l'action personnelle. C'est à elle aussi que sont dus les bons

---

(1) En ville on peut assurer la régularité si des personnes dévouées se chargent de prendre le soir et de porter le lendemain matin les journaux à domicile.

résultats des dépôts bénévoles. Une personne, de préférence une commerçante, accepte un petit dépôt de journaux à vendre sans bénéfice, à des abonnés, au prix de cinq sous par semaine ; elle s'ingénie à trouver des acheteurs parmi ses visiteurs ou ses clients : elle propose le bon journal, fait son éloge à propos de tout et à propos de rien, signale ses renseignements et ses feuilletons, elle fait remarquer l'influence pernicieuse des mauvais journaux, surtout sur les enfants. Il faut à cette tâche du zèle et de la persévérance ; un peu d'esprit et une langue « bien pendue » la facilitent singulièrement. Dans la vivacité de la conversation tous les arguments sont bons. « Ne craignez-vous pas, disait Mme G. à une cliente en voyant l'*Union Républicaine* dans son panier de provision, ne craignez-vous pas avec cette... saleté-là d'empoisonner votre fricot ? »

« Il y a à Mâcon cinq de ces dépôts tenus par de dévouées adhérentes de la Ligue patriotique ; l'une d'elles, Mme G., précisément, travaille déjà au dixième abonnement : elle a mis huit mois pour conquérir l'un d'eux auprès d'une famille nombreuse attachée jusqu'ici à l'*Union républicaine*. Une autre a gagné par sa propagande deux personnes qui versent chaque semaine à tour de rôle 2 sous et 3 sous pour un abonnement commun.

« Il n'est pas nécessaire d'être dépositaire pour se livrer à ces patientes conquêtes. Toute personne dévouée peut les entreprendre. Dans un village voisin de V., un jeune domestique de ferme, à la sortie de la messe du dimanche, remarque les braves gens acheteurs de mauvais journaux ; l'après-midi il se met en campagne, il va trouver quelque lecteur du *Petit Parisien*, lui explique son erreur et son imprudence ; plusieurs fois s'il le faut, il renouvelle sa visite, il insiste en faveur du bon journal et revient à la charge jusqu'à la victoire.

« Sans doute, ces modestes entreprises exigent beaucoup de charité et beaucoup de courage. Mais qui donc à la Ligue patriotique voudrait manquer de cœur et de bonne volonté ?

« Si nous ne sommes pas capables de ce premier effort élémentaire, disait M. l'Abbé Thellier de Poncheville, dans un rapport sur la presse, présenté au Congrès des catholiques du Nord, cessons de dire dans notre Pater de chaque matin que nous voulons que le règne de Dieu arrive et dans nos gémissements douloureux de chaque soir, cessons de soupirer après le salut de la France ».

« Le champ à ensemencer est immense ; les herbes folles et les ronces l'encombrent ; il ne suffit pas de lancer vers lui des grains en abondance, il faut d'abord que d'humbles et patientes charrues travaillent à le retourner pour qu'il accueille les semailles et devienne fécond. Ce sont les démarches personnelles longues, pénibles, humiliantes, fastidieuses à certains jours, qui font la fécondité de toute propagande de bonne presse. La *Presse-Agence* d'Autun vivra si elle est soutenue par un travail de visites à domicile. Les colportages s'établiront là où une action personnelle aura formé des noyaux solides d'abonnés. Les abonnements d'essai réussiront lorsqu'ils seront fertilisés par des démarches dévouées. Et d'une manière générale on peut dire que la propagande de presse sera d'autant plus fructueuse que l'offre du bon journal se fera plus active, plus personnelle, plus directe.

« Il y a parfois quelque mélancolie pour les personnes de condition modeste, dont l'âme est remplie de zèle chrétien, à penser que l'argent sert à tout, même à faire le bien et qu'il doit être très doux de le donner. Qu'elles se consolent ! leur cœur est un trésor plus précieux que l'or, et, grâce à Dieu, nous venons de le voir, une richesse plus efficace que toute autre. Dans cette œuvre de la presse, qui est d'importance absolument capitale, ce n'est pas à la fortune d'abord, mais à leurs obscurs et indispensables travaux que sera dû le succès. C'est à elles qu'il appartient de découvrir des familles honnêtes encore où le mauvais journal fait des ravages, à elles d'y faire pénétrer et aimer la feuille catholique.

« Il y a, dans l'organisation de nos œuvres, un défaut très général, qui est le manque d'entente entre elles ; on a fait des livres de stratégie sur la liaison des armées, on pourrait écrire sur la liaison des œuvres. Une petite fille est amenée à l'école libre, une jeune fille conduite au cours ménager, un petit garçon attiré au patronage, à la gymnastique, une femme est secourue, un homme convoqué à une conférence, — mais la famille en tant que telle est oubliée ; les efforts d'apostolat portent sur des molécules isolées et non sur la véritable cellule sociale : la famille. Or, dans cette famille inconnue, où nous faisons du bien à l'un ou l'autre membre, habite un ver rongeur qui détruit à mesure ou qui détruira d'ici peu les trésors de foi, d'honnêteté, de pureté que nous y apportons : c'est le mauvais journal. Le chasser pour. mettre à sa place une source pure, c'est sauver une famille, et sauver des familles c'est sauver la société.

« Qu'il me soit permis en terminant de constater que les conclusions auxquelles m'ont amené sans parti pris ce trop long rapport sur la presse, je veux dire la nécessité de l'apostolat direct et de l'apostolat familial sont en exacte conformité avec l'esprit de votre chère et grande Ligue patriotique des françaises. Puisse-t-elle, en infusant cet esprit chez toutes ses adhérentes, contribuer au salut de la Patrie » !

DEUXIÈME JOURNÉE

SÉANCE DE L'APRÈS-MIDI

Sous la présidence de Mgr VILLARD, évêque d'Autun.

Comme pour les réunions précédentes, la première partie de la séance est occupée par la lecture de rapports généraux, suivie des demandes d'explication et des discussions au sujet de différentes œuvres. La seconde partie est employée à l'exposé du travail fondamental de la Ligue : l'apostolat direct des dizainières formées par la réunion mensuelle et les retraites fermées.

(a). L'apostolat direct.

Mlle Devuns expose l'éminente fécondité de cet apostolat, où une chrétienne convaincue et dévouée s'efforce d'agir directement sur des personnes qu'elle visite régulièrement, et d'exercer son influence par l'intermédiaire de son amabilité, de sa bonté, de ses prévenances.

Le « Petit Echo », en même temps qu'il apporte dans les familles de bons conseils et de saines idées, a pour principale utilité de servir de raison aux visites de la dizainière aux adhérentes auxquelles elle le distribue.

Il est clair que cet apostolat est le meilleur, lorsque la dizainière et ses adhérentes sont de conditions sociales à peu près semblables. Les barrières qui se dressent entre les personnes de conditions différentes ne peuvent point tomber en un jour ; elles disparaissent seulement chez celles qui sont déjà bien conquises à l'esprit de la Ligue.

(b). La Réunion mensuelle.

La réunion mensuelle est le moyen permanent de formation et d'encouragement des dizainières. Chacune y expose très simplement ses entreprises, ses succès et ses projets. Puis sur un sujet étudié par l'une des dizainières et exposé en une courte causerie, la conversation s'engage. C'est ainsi que les différents modes d'apostolat, les œuvres à entreprendre, des efforts à orienter suivant les époques et les circonstances sont proposés, expliqués et deviennent des sources d'action toujours renouvelées.

(c). Les retraites fermées.

Depuis longtemps l'utilité des retraites fermées a été reconnue ; depuis quelques années elles entrent peu à peu dans la pratique commune. Il est évident que pour former les âmes à la perfection personnelle et au zèle, rien ne vaut cet arrêt de quelques jours qui les éloigne des préoccupations et des distractions ordinaire et les place devant Dieu en face des devoirs chrétiens.

L'apostolat durable et fécond suppose un certain degré de charité et d'humilité et ces vertus qui sont les bases de la perfection personnelle se trouvent être en même temps les moteurs de l'action extérieure et conquérante. Vouloir de toute son âme le bien des autres et ne compter pour rien les flatteries ou les humiliations de l'amour propre, telle est la formule chrétienne par excellence ; or c'est par la méditation et l'enseignement des retraites que l'on peut efficacement l'inscrire au fond de son esprit et de son cœur.

Pour faciliter pratiquement la réalisation des retraites, une « section des retraites régionales » a été établie au Secrétariat Central de la Ligue, sous la direction de Mlle Krafft, qui s'efforce de trouver des « correspondantes » de zône pour assurer le recrutement et l'organisation des retraites par région.

DEUXIÈME JOURNÉE

Séance du Soir

Un nombreux auditoire se pressait dans la grande Salle paroissiale des Œuvres pour la séance solennelle de clôture du Congrès ; beaucoup de prêtres avaient pris place auprès des orateurs.

Mlle Devuns, dans un discours plein de flamme et de poésie, proposa Jeanne d'Arc comme modèle à toutes les chrétiennes de la L. P. D. F.

M. Gaston Lacoin vice-président de l'A. C. J. F. exposa tour à tour avec bonne humeur et avec force, la nécessité pour les catholiques de prêter un inlassable appui à la bonne presse.

Mgr Villard voulut bien terminer les travaux du Congrès par ses précieux encouragements et ses approbations les plus nettes ; puis il invita les ligueuses à revenir souvent réchauffer leur zèle au foyer du Cœur Sacré de Jésus.

TROISIÈME JOURNÉE

Fête du Sacré-Cœur

La messe de communion générale des congressistes fut célébrée dans la Basilique du Sacré Cœur. Monseigneur Villard voulut bien encore leur adresser la parole, et l'allocution fervente et pénétrante où il leur demanda d'imiter la piété de Jeanne d'Arc et surtout son amour de l'Eucharistie, devait rester pour elles un des plus doux souvenirs de ces belles journées. A l'issue de la cérémonie, M. le Curé de Paray-le-Monial monta en chaire pour lire le télégramme suivant reçu en réponse aux hommages que le Congrès avait exprimés au Saint-Père.

« Saint Père, sensible hommage de filial et entier dévouement au Saint-Siège exprimé au nom de mille adhérentes Ligue Patriotique des Françaises, remercie, envoie de cœur bénédiction apostolique implorée, comme gage précieuses faveurs divines ».

Cardinal Merry del Val

Toutes les congressistes, auxquelles s'étaient ajoutées 400 ligueuses de la Bresse louhannaise venues en pèlerinage, assistaient à la messe solennelle de la Fête du Sacré Cœur. Dans son admirable sermon sur l'apostolat, M. le chanoine Mury, directeur des Œuvres du diocèse d'Autun, donna aux ligueuses présentes cette grande marque d'intérêt de s'adresser tout particulièrement à elles.

A deux heures les différents groupes de la L. P. D. F. entourant leurs bannières prenaient part à la magnifique procession de cinq mille personnes qui se déroula dans les rues de la ville, sous la voute incomparable des grands platanes de l'avenue de Charolles, et autour du Dôme du Sacré Cœur.

Les trois journées du Congrès si bien remplies par le travail et la piété, étaient terminées ; mais il restait d'elles mieux qu'un doux souvenir, une ardeur toute renouvelée pour se donner à l'assainissement et à la rééducation chrétienne des âmes françaises.

Autun. — Imp. L. MARCELIN.

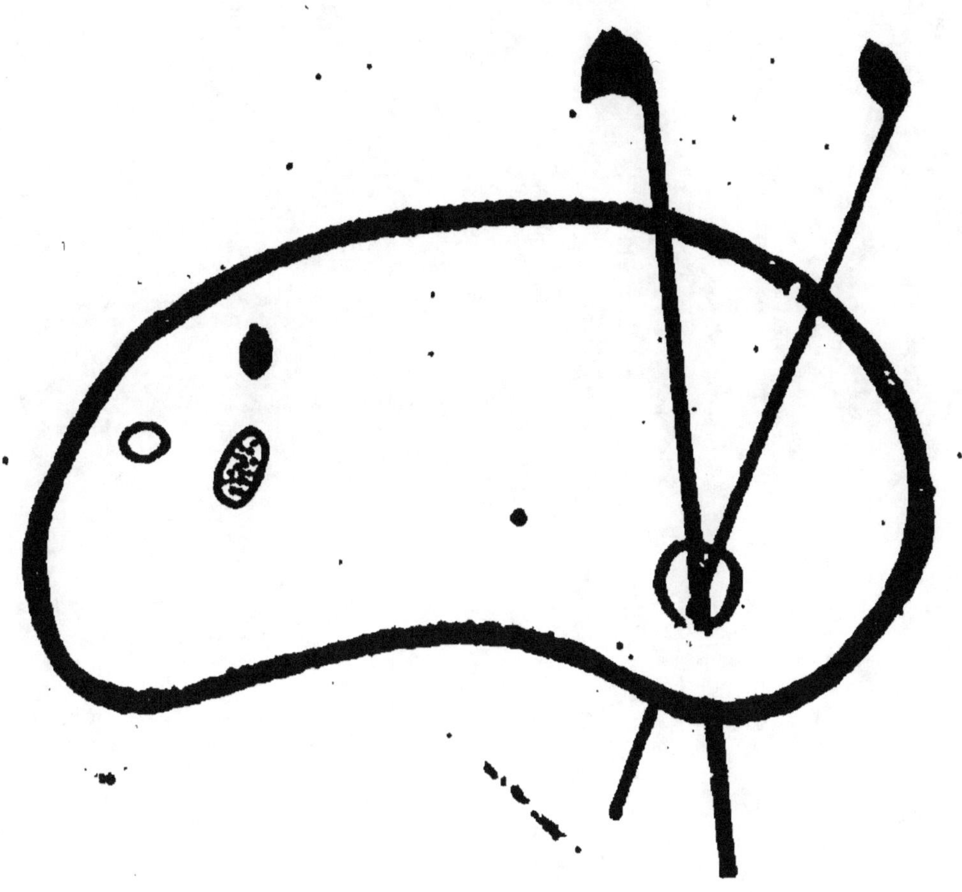

ORIGINAL EN COULEUR

N° 2 43-120-8